KB120947

아빠와 소통

아빠와 소통

초판 1쇄 발행일 2014년 3월 5일
초판 3쇄 발행일 2014년 5월 5일

글 소통연구소 김도현 소장
펴낸이 양옥매
디자인 오현숙
교정 조준경

펴낸곳 도서출판 책과나무
출판등록 제2012-000376
주소 서울특별시 마포구 월드컵북로 44길 37 천지빌딩 3층
대표전화 02.372.1537 팩스 02.372.1538
이메일 booknamu2007@naver.com
홈페이지 www.booknamu.com
ISBN 979-11-85609-13-3(03370)

이 도서의 국립중앙도서관 출판시도서목록(CIP)은 서지정보유통지원 시스템
홈페이지(http://seoji.nl.go.kr)와 국가자료공동목록시스템
(http://www.nl.go.kr/kolisnet)에서 이용하실 수 있습니다.
(CIP제어번호 : CIP2014006387)

아빠와 소통

소통연구소 김도현 소장 지음

책과나무

Let it be는 그냥 Let it be였다

박강림(해인, 여름 엄마)

처음 이 책의 추천 글을 요청 받았을 때 솔직히 의외라는 생각이 들면서 놀랄 수 밖에 없었다. 책의 추천 글은 주로 방송CF처럼 사회 유명인을 활용하는 경우가 많기 때문이다. 유명인의 글을 통해 추천한 사람의 지명도에 맞먹는 가치를 책이 갖고 있다는 메시지를 전달하는 것이 일반적이기 때문이다. 그런데 제주도 시골바닥의 개인적 스펙(?)이라고는 딸랑 애 둘 키우는 엄마가 전부인 내게 추천 글을 부탁하니 의외일 수 밖에 없었다. 하지만, 이런 생각도 잠시, 저자가 보내준 원고를 읽으면서 그 이유를 알게 되었고, 오히려 추천 글을 꼭 써보고 싶다는 생각이 들었다. 글만 보여주고 추천 글 이야기를 하지 않았다면 내가 추천 글을 써보고 싶다고 먼저 졸랐을지도 모른다.

이 책을 읽다 보니 내 머릿속에서는 한편의 드라마가 만들어졌다.

주인공도 다 결정된 드라마…… 그래서인지 글을 읽었다기 보다 한편의 영상을 보는 것만 같았다. 그 이유는 아마도 이 책이 가진 가장 큰 장점 중의 하나인 쉽고 편안하게 생활 속의 이야기를 전하는 어법 때문이 아닌가 싶다.

소통을 위한 일반적인 책들은 어떨 때 보면 어투가 훈장님 같아서 어느새 책 읽고 있는 내 모습이 교실 속 훈장님 말씀 듣느라 힘들게 무릎 꿇고 앉아 있는 모습으로 그려질 때가 많기 때문이다. 그런데 이 책은 읽는 내내 편안했다.

난 솔직히 자녀교육과 관련된 책 읽기를 그다지 좋아하는 편이 아니다. 텔레비전에도 자녀교육과 관련된 프로그램들이 방영될 때면 보기 싫어서 채널을 돌릴 때가 많다. 왜냐하면 방송을 보는 내내 마음이 찔리기 때문이다.

소위 '버럭맘'인 내가 자녀교육은 이렇게 해야 한다, 저렇게 해야 한다는 등의 방송을 보면 실천하지 못하는 엄마라서 자꾸만 비교되고 불편해서 채널을 돌리거나 아예 꺼버리곤 했던 것 같다. 그런데 '아빠와 소통'은 그런 마음이 들지 않는 책이었다. 이 책을 편안하게 읽을 수 있었던 이유가 뭘까 곰곰이 생각해보니, 내가 이 책을 읽으면서 오히려 위안(힐링)을 받았기 때문인 것 같다. 위안의 이유는 이 책을 통해 아이에게 이럴 때는 무슨 말을 어떻게 해주어야겠다는 생각과 함께 '아! 이 정도라면 내가 해 줄 수 있겠다.'는 생각에서 비롯된 것 같다.

나는 가끔 우스개 소리로 누가 내 귀에 이어폰을 꽂아서 '아바타' 역할을 해줬으면 할 때가 있다. 내 노력에도 아랑곳 하지 않고 아이가 계속 울어댈 때면 내가 무슨 말을 어떻게 해야 할지 모를 때가 많다. 그럴 때마다 누군가 이어폰을 통해서 귓속말로 우리 아이에게 할 말을 알려주면 좋겠다고 생각한 적이 있기 때문이다. 그런데 이 책을 읽는 동안 저절로 그런 느낌이 들었다. 엄마로서 나는 이 책을 두고두고 옆에 끼고 연습을 해야겠다는 생각이 들 정도였다. 내용 중에서 많은 부분들이 기억에 남지만, '모를 땐' 부분을 읽을 때는 머리에 충격을 받았다.

한이가 주관식 문제의 답을 모른다며 아빠(저자)에게 도움을 청했을 때 주관식 답안지에 모르는 건 솔직하게 모른다고 적어도 괜찮다고 저자가 아이에게 말해주는 부분을 읽고는 순간적으로 머릿속이 하얗게 변하는 느낌이었다. 주관식 답안지에 우리 아이가 소위 정답을 채우게 하려고 무던히 애쓰던 내 모습이 겹쳐져서 머리를 망치로 한 대 세게 얻어맞는 기분이었다. 내가 이 책을 왜 이렇게 열심히 읽고 있나 그 이유를 알게 되는 순간이기도 했다.

미국에서 교사 생활을 오래 하신 어머니 친구분이 있었는데, 그 학교 아이들이 동물원에 갔다 와서 그림을 그렸다. 사자도 그리고 호랑이도 그리고 얼룩말도 그리는데 어떤 아이가 종이를 온통 빨간색으로만 칠하고 있었다.

아무 무늬도 모양도 없이 온통 빨간색만 가득해서 교사가 그 아이에게 다가가서 동물원 얘기를 하면서 뭐가 재미있었냐고 물으니 자기는 코끼리가 제일 기억에 남는다고 말했다. 그래서 그림 그걸 그려보는 것이 어떻겠냐고 말했더니 아이는 자신은 지금 코끼리를 그리고 있다면서 빨간 색은 코끼리 눈이라고 말했다.

그 아이가 본 것은 '빨갛던 코끼리 눈'이었다. 어머니의 친구분께서 "아하~!! 관찰력이 뛰어나구나!" 라며 아이를 칭찬해 주셨단다.

그 이야기를 들으면서 내 마음이 정말 크게 울렸었다. 내 딸 해인이도 어렸을 때 보면 종이에 그림을 그리는데 어찌나 종이를 많이 쓰는지 감당이 힘들 것 같아서 한번은, 종이 빈 공간에 그림을 더 채워서 그리고 종이를 아껴 쓰라고 했다가 우리 해인이가 이건 하늘이고 공간이라서 비워둬야 된다고 해서 더 이상 종이꾸지람은 안 했던 기억이 난다.

그리고 토요일 유치원 요리활동이었는데 아이들과 호떡을 함께 만들고 나서 아이들과 요리 시간을 주제로 '활동지(자신이 했던 놀이를

땅바닥에 그림 그리는 해인이- 해인이는 미술학원을 다녀본 적이 없다.

그림을 넣어서 표현하기)'를 했다. 다른 아이들은 다들 호떡을 요리하는 모습을 그리고 있는데 한 아이가 종이에 온통 네모만 그리고 있었다. 작은 네모만 한 가득……

나는 그 순간 아이에게 관찰력이 뛰어나다는 칭찬을 했던 미국의 그 선생님 생각이 나서 유심히 보고 있었다. 유치원 선생님께서 아이에게 물어보니 아이는 요리 활동을 그렸다는 것이다. 재차 물어보니 요리활동 시작하기 전에 바닥에 뭐가 묻을까 봐 바닥에 신문지를 여러 장 넓게 깔았었는데 그걸 그렸단다.

'아빠와 소통'을 읽으면서 그 아이 그림이 생각난 건, 만일 저자였다면 그 아이에게 "다시 그려라, 그게 뭐냐. 다른 아이들처럼 요리 모습을 그리던가 음식을 그려야지!" 라고 말하기보다 "역시나 독창

적이구나, 기본에 충실한 녀석이구나." 라며 칭찬을 해줄 것 같다는 생각이 들었다.

꼭 1등을 해야 하나…… 오죽하면 술집 이름에 '텐 프로'가 있을까…… 난 솔직히 사람들이 말하는 '텐 프로'의 뜻을 얼마 전에야 알았다. '전문용어'라서 처음 '텐 프로' 이야기를 듣고 다른 엄마들에게 그게 뭐냐고 되물었다가 모두에게 큰 웃음을 주기도 했다. 나만의 1등보다 100명 중의 1등, 10만 명중의 1등…… 어떤 삶을 선택할지는 결국 본인의 몫인 것 같다.

이 책은 분명 부모를 위한 책이다. 아이를 기르면서 부모가 아이에게 해 줄 수 있는 말을 알기 쉽게 정리한, 부모를 위한 안내서이다. 그래서 아빠가 먼저 읽어야 하는 책이기도 하지만 어떤 부분은 너무 쉬워서 이제 초등학교 3학년인 우리 해인이와 함께 읽고 싶은 책이기도 하다.

우연찮게 이 책을 읽은 오늘 아침 눈뜨자마자 '코니탤벗'이라는 아이가 부르는 비틀즈의 'Let it be'가 들려왔다. 제목이 영어라서 아이들이 그게 뭐냐고 물어봐서 장황하게 설명해주긴 했었는데 지금 생각해보니 난 앵무새였던 것 같다.

그게 뭐다라고 중얼중얼 말하긴 했어도 소위 요즘 말하는 '영혼 없는 대답'이었다.

이 책을 읽고 나니 Let it be 는 말 그대로 그냥 Let it be 였다. 이 책은 그렇게 나로 하여금 마음을 내려놓는 순간을 즐기게 해주었다.

(박강림씨는 외국계 항공사에서 근무하다 결혼 후 제주도로 이사하여 현재 해인이와 여름이를 키우고 있다. 부모와 자녀 모두가 행복한 양육을 실천하며 자유로운 영혼으로 살아가고 있다.)

아빠와 엄마들의 추천 글

서울우유 인재개발팀 이상윤 팀장(채림 아빠)

서울우유 소통교육 때 저자의 소통 강의를 처음 듣고 둔기로 머리를 얻어맞은 것 같은 충격과 찡한 감동이 있었다. 살아온 날의 반성이 저절로 일어나던 경험을 잊을 수가 없다. 얼어붙은 마음의 문을 열고 서로를 향해 "사랑합니다!"를 스스럼 없이 외치던 부부들을 보면서 이 책을 정말로 기다려왔다.

소통의 새로운 장을 열어주고 감동과 반향을 주는 책이다. 강력하게 추천한다.

지식인재원 최용환(정은, 창원 아빠)

나의 자녀교육 가치관을 흔들어 버린 책이다. 다른 부모들도 그럴 것이다. 자녀교육과 삶의 목적을 '성공과 실패'라는 관점에서 '행복'이란 관점으로 변화시키는 책! 많은 부모들과 교육자들에게 이슈가 될 것 같다. 쉽고 간결해서 누구나 부담 없이 읽을 수 있도록 쓰여졌다는 점이 참 좋았다.

우리투자증권 권성기 차장(원석 아빠)

지난 2년간의 기러기생활을 청산하고 가족들과 함께 살게 된 시점에서 이 책은 나에게 참선하는 선방의 죽비처럼 많은 깨달음을 주었다. 오늘 당장 아내와 아이에게 존댓말을 사용할 생각이다. 그리고 아이의 말에 좀 더 귀를 기울이고 아내와 아이의 입장을 배려하는 소통으로 업그레이드할 생각이다.

나이콤(NICOM) **유동식 부장**(수정, 호진 아빠)

단군이래 가장 쉽고 가장 재미있는 소통교육 책이지만, 깊이를 타협하지 않는 책! 법정스님이 결혼해서 쓰신 육아서적 인줄 알았다.

G&H 인터내셔널 박기현 부장(가은, 하민 아빠)

유년 시절 아버지와 5분 이상 대화를 해 본 기억이 없다. 아버지와의 대화는 짧은 3개의 질문과 대답을 넘겨보지 못했다. 그런 아버지는 내가 41살이 되던 여름, 아무 말씀도 없이 먼 길을 떠나셨다. 어느덧 이제 나도 두 아이의 아빠가 되어있다. 저자의 일상생활과 경험에서 우러나오는 얘기들은 마술과도 같이 나를 휘감았고 그 자리에서 단숨에 마지막 장까지 읽게 되었다.

곤히 잠든 우리 아이의 모습을 보며 아빠로서의 역할을 고민하는 모든 부모들에게 감히 이 책을 추천한다. 무엇보다 내가 사랑이라 생각했던 표현을 내 아이도 사랑으로 받아들이는지 고민하게 만드는 책이다.

삼성화재 김영환(재엽, 재도 아빠)

'아빠와 소통'을 읽고 나도 모르게 자고 있는 두 아들의 이마에 입맞춤을 해주고 볼을 쓰다듬게 되었다. 진정한 소통과 우리가 잊은 채 살고 있는 의미 있는 것들을 일깨워준 친구의 편지 같은 이야기에 감사하며 가슴이 따뜻해 지는 것을 느낄 수 있었다.

I&B 컨설팅 남재철 대표(채리 아빠)

한마디로 '아하!' 라는 깨우침을 주는 책이다. 이 책을 읽는 순간 행복한 마음을 감출 수 없었다. 왜냐하면 이 책은 소통에 관한 지식차원을 넘어서서 누구나 쉽게 실천할 수 있는 구체적인 방법과 지혜를 제시하기 때문이다. 아빠들에게 많은 공감대를 형성하는 책 이다. 우리 막내 딸 채리와의 대화에도 변화가 생길 것 같다. 진정한 소통에 목말라하는 내 이웃들에게 진정으로 권하고 싶은 책이다.

에스디엔터넷(SDEnterNET) **박지훈 이사**(준영 아빠)

행복한 가정을 꿈꾸는 아빠에게 꼭 필요한 팁! 우리의 부모는 알려주지 않았던 아빠의 덕목을 구체적이고 직설적으로 보여주니 마음한 켠 엉켜있던 실타래가 술술 풀린다. 아이를 낳았다고 모두 부모가 되는 것이 아님을 다시 한번 일깨워 주는 고마운 이야기!

메트라이프 생명 골드스타지점 **이수원 지점장**(채민 아빠)

무엇보다 살아 있는 실생활의 이야기가 읽는 재미를 더한다. 많은아빠들에게 좋은 메시지가 될 것 같다. 읽기 쉬워서 부담스럽지 않고 생각하게 하는 여백이 많아서 좋은 책이다.

파인드 컨설팅 **나영석 대표**(혜림 아빠)

많은 부모들과 교육자들이 '탈무드'를 통해 아이들에게 고기를 잡아주기보다 고기잡는 방법을 알려주라고 한다. 하지만 저자는 행복이라는 고기를 행복하게 잡는 모습을 자녀에게 몸소 보여주는 소탈한 뱃사공의 모습을 보여준다. 또한 그 과정에서 자녀를 있는 그대로 인정하라고 이야기한다. 저자의 생활 속 사례들은 참다운 교육과 성장의 의미를 생각하게 했다. 저자의 인생체험이 독자들에게 자녀와의 소통에 관한 새로운 패러다임을 제공해준다.

한국주택금융공사 **오주한 팀장**(승민 아빠)

'매일 밤 이불 속에서 아빠에게 착 달라붙어 ~' 라는 부분을 읽다가 문득 지칠 때까지 아들이 원하는 야구를 하고 온 날 저녁에 내 옆에 착 달라붙어 애교를 떠는 내 아들이 떠올랐다. 언젠가 아들로부터 "아빠, 아빠는 내 친한 친구보다 더 친해"라는 말을 듣고 싶어진다. 저자처럼 자녀와의 에피소드가 많은 아빠, 60대 70대가 되어도 스스럼없이 다가올 수 있는 아빠, 엄마 없이 둘만 남겨져도 서먹서먹하지 않은 아빠가 되도록 노력하게 만드는 책이다.

경남도청 **박기병 사무관**(연주, 혜진 아빠)

쉽고 재미있지만, 깊이 있는 책이다. 부모로서 나 자신을 깊이 돌아보게 만든다. 아빠라면 반드시 읽어야 하는 책이다. 하지만, 누구나 읽어도 좋은 책이다.

함평군청 **김환동 사무관**(연희, 희호 아빠)

부모라면, 특히 아빠라면 누구나 읽어야 하는 책이다. 많은 아빠들이 공감할 수 있는 책이다.

충북건축사협회 **한재희 회장**(규현, 유미, 유정, 유진 아빠)

건축 관련 일을 하다 보면 다양한 사람들을 만나게 되고 서로의 의견을 주고 받게 된다. 그 과정에서 나 자신의 소통에 대해 고민할 때가 많다. 그런 내게 '아빠와 소통'은 가족소통뿐만 아니라 소통의 진정한 의미를 돌아보게 만드는 책이다.

원광자활센터 **김동옥 센터장**(영환 아빠)

평소 저자의 삶과 교육 철학이 고스란히 담긴 책이다. 이 책은 부모자녀가 서로의 생각과 관심사항에 대해서 함께 고민하고 풀어가도록 만들어주는 소중한 길잡이가 된다.

대한민국경찰 **안대중**(상기, 지현 아빠)

책 내용 중에 '이런 부모 있습니다.' 라는 글을 여러 번 다시 읽게 된다. 우리 아이가 얼마나 답답하고 힘들었을지 생각하면 아빠로서 아이에게 미안한 마음이 든다. 아빠로서 아이에게 했던 일들을 다시금 돌아보게 만드는 책이다.

아이와 진정한 소통을 시작하게 만드는 책! 부모라면 강추!! 강추!!

품격문화연구소 **안옥주 소장**(보라, 학훈 엄마)

저자와 딸의 이야기는 마치 한편의 아름다운 왈츠와도 같다.
행복한 소통은 용기 있는 '깨달음'에서 비롯된다는 저자의 메시지
는 내 마음 속에 잔잔한 감동의 파장을 일게 한다. 이 책은 아이들
의 영혼이 행복할 수 있도록, 부모가 자녀에게 줄 수 있는 가장 아
름답고 소중한 선물이다.

위드원(With-One) 아카데미 **이미원 대표**(정연, 채영 엄마)

아주 쉽고 재미있다. '역시!' 라는 생각이 들었다. 왜냐하면 저자의
강의스타일과 닮았기 때문이다. 일상에서 일어나는 경험들을 바탕
으로 쉽고 재미있게 꾸민 스토리들이 소소한 행복을 느끼게 해준
다. 관계를 맺는 일에 특히 어려운 아빠들에게 적극 권유한다. 바
쁜 현대인들에게 작은 시간을 할애해서 자녀와의 관계를 행복하게
개선할 수 있는 가장 적합한 필독서!

서천 초등학교 병설유치원 교사 **안체윤**(규현, 유미, 유정, 유진 엄마)

소통의 본질은 책과 교육과 생활이 별개가 아니라는 생각을 들게
하는 책이다. 우리 삶 속에서 서로의 눈을 보며 지금 이 순간 실천
하는 것이 소통이라는 사실을 알려준다. 책을 읽다 보면 소통에 관

해서 나도 모르게 '아하! 그렇구나' 라는 깨달음이 전해진다. 환하게 웃는 저자와 딸의 모습이 풍경처럼 지나가면서 입가에 미소가 저절로 만들어진다.

제주신라면세점 GUCCI 점장 **송미숙**(지연 엄마)

이 책은 부모, 특히 아빠의 중요성을 새삼 깨닫게 한다. 우리 남편은 권위적이거나 명령을 하진 않지만, 이 책을 읽고 나니 이렇게 말하고 싶다. 아빠들! 이제 말을 하세요. 아빠들! 이제 권위와 지시와 명령이 아닌 소통을 해주세요.

제주특별자치도청 **현미희**(현진, 찬진 엄마)

자녀를 둔 부모들에게 가족 소통의 중요성을 깨닫게 하는 마중물 같은 책이다. 이 책을 통해 우리들과 다음 세대는 지금보다 더 행복하고 건강한 소통습관을 가질 수 있을 것이다.

김제시청 총무과 **소은경**(지효, 유상 엄마)

직장생활로 바쁜 아빠들과 학교와 학원으로 바쁜 아이들이 소통할 수 있도록 만들어주는 책이다. 아빠와 공감하고 소통할 시간이 없어서 멀어져 있는 우리들에게 함께하는 아빠의 소중함과 관계 속에서 진정으로 가치 있는 것이 무엇인지 깨닫게 해주는 책이다.

그랜드 호텔 **유승호** (아빠가 되려는 신혼남편)

저자의 생활 속 이야기들을 통해 나와 상대방이 함께 행복해질 수 있는 지혜를 얻게 된다. 또한 상대를 진실한 마음으로 대하는 것이 결국 나의 행복이라는 깨달음을 주는 책이다. 이 책을 통해 건강한 아빠, 행복한 아빠가 될 수 있다는 자신감과 지혜를 얻을 수있다.

서문

세상의 모든 부모님들을 응원합니다

여성대통령을 배출하고 양성평등 사회라고는 하지만 아직까지 우리
사회는 사회생활을 위한 지식이나 업무기술은 여자들보다 남자들이
더 잘 알게 마련입니다. 그런데 아이러니하게도 우리나라 가정에서
자녀교육에 관한 아빠들의 목소리는 생각보다 크지 않습니다.
"좀 더 놀게 내버려 두지 그래, 지가 알아서 하게."라고 아빠들이
한마디 해보지만, "당신이 애 인생 책임질 거야?"라는 엄마의 한마
디에 아빠들은 마음을 접습니다.
하지만, 100세 시대를 맞이하는 오늘날 엄마들도 아이의 인생을
끝까지 책임질 수는 없습니다. 자식 나이 마흔이면 엄마 나이 일흔
인데, 자식의 남은 인생 60년을 어떻게 엄마가 끝까지 책임질 수

있겠습니까? 그래서 가정교육은 아빠와 엄마의 양 수레바퀴를 통해 아이가 자신의 인생을 스스로 책임지도록 굴러가야 합니다.

그런 면에서 이 책의 첫 번째 목적은 엄마에게 치우친 자녀교육, 특히 소통교육에 있어서 아빠들의 역할에 힘을 실어드리는 데 있습니다.

대부분의 아빠들은 바쁘고 힘들다는 이유로 자녀교육을 엄마와 선생님들에게 맡기고 자신들은 직장에서 돈만 벌면 된다고 생각하는 경우가 많습니다. 물론 전문분야는 아웃소싱 하지만, 아빠가 담당해야 할 부분은 반드시 아빠가 담당해야 합니다. 그리고 부모가 한 인간으로 철드는 데 있어서 자녀교육만한 것이 없습니다. 부모 자신의 행복과 인격 성숙에 자녀교육은 많은 도움이 되기 때문입니다. 그런데 제대로 된 소통을 위해서는 자녀들과 많은 시간을 함께 보내야 한다는 고정관념을 아빠들이 내려놓는다면 좋을 것 같습니다. 함께 보내는 시간의 양보다는 자녀와 함께 보내는 시간의 질과 아빠가 자신의 삶을 살아가는 모습과 생활습관이 자녀에게는 더 중요하기 때문입니다. 그래서 기업교육과 학부모교육을 병행하다보면 자녀교육과 자기계발이 둘이 아니라는 사실을 확인하게 됩니다.

이 책의 두 번째 목적은 소통에 있어서 가장 중요한 '자기 자신과의 소통'으로, 상처와 잘못된 습관의 뿌리를 깊이 돌아보게 하는 데 있습니다. 깊이 보면 볼수록 깊은 치유가 일어나기 때문입니다.

사실 저는 이십대 중반 편두통과 불면증으로 고생했던 경험이 있습니다. 이런 고생 덕분에 명상을 시작했고, 명상은 군대 제대 후 수능시험을 쳐서 대학에 진학하는 힘이 되어주기도 했습니다.

대학 졸업 후에는 회사에서 제법 능력 있는 영업맨으로 인정받기도 했었지만 결혼생활은 순탄하지 않았습니다. 아내와의 갈등이 점점 심해져서 결혼 6년차가 될 무렵에는 심각하게 이혼을 고려하며 교육회사에서 교육과 삶이 따로따로 노는 하루하루를 살게 되었습니다.

이십대 후반과 삼십대에 현장영업과 영업 관리자로 근무하면서 강사가 부족하면 가끔 '땜빵 강의(원래 하기로 한 강사대신 대체 강의를 하는 강사)'를 하는 스페어 강사 역할도 했었지만, 저는 사실 교육자로 살아갈 마음은 전혀 없었습니다. 저라는 인간 자체가 다른 사람의 모범이 되어야 하는 교육자의 삶과는 전혀 어울리지 않는다고 믿었기 때문입니다. 차라리 돈을 많이 버는 영업이 제 체질에 어울린다고 믿었을 뿐입니다.

하지만 제게 찾아온 추락은 저를 다른 길로 인도했습니다.

영업맨으로 살아가던 어느 날 회사의 사정으로 앞만 보며 달리던 여정을 멈추고 쉴 수밖에 없게 되었습니다. 그런데 여유를 갖고 쉬면 쉴수록, 자신을 깊이 돌아보면 돌아볼수록, 내면의 깊은 상처들이 올라와 저를 괴롭히기 시작했습니다.

내 안에 존재하는지조차 몰랐던 상처들이 올라와 저를 괴롭히기 시작하자, 그 상처들을 담담히 바라보기보다는 그냥 하루하루를 술로 덮어 버렸습니다.

그 시절 저는 한 사람의 영업맨과 강사이기 이전에 한 인간으로서도 바닥까지 떨어지게 되었습니다. 음주운전으로 면허가 취소되고, 면허가 취소된 와중에도 무면허 음주운전까지 하게 되면서 부상을 입게 되었습니다. 그나마 다행으로 다른 사람에게 피해를 주지는 않았지만, 이 일로 한동안 우울증을 겪으며 힘든 시간을 보내야만 했습니다.

'내가 과연 이 세상에 존재할 만한 가치가 있는 인간인가?'라는 심각한 회의감이 밀려왔기 때문입니다. 범죄(음주운전은 범죄입니다)를 저지르고 처벌까지 받았지만, 그럼에도 불구하고 스스로를 개선할 수 없다면 그 사람은 다른 사람의 안전과 생명을 위협하는, 사회에 필요 없는 사람에 불과하기 때문입니다. '인생이 바닥까지 떨어진다.'는 표현은 아마도 저를 위해 준비된 표현 같았습니다.

하지만 바닥까지 떨어진 시간들을 통해 내면 깊숙이 자리 잡고 있던 습관과 상처의 뿌리를 보게 되었고, 뿌리까지 치유해야겠다는 결단이 서게 되었습니다. 내면의 상처들이 만들어 내는 끝이 보이지 않을 만큼의 어둡고 긴 터널을 탈출하기 위해서는 특단의 조치가 필요했습니다.

제 내면에는 미움, 분노, 우울, 억울함, 수치심, 죄의식, 후회, 허전함 등의 감정을 만들어 내는 상처들이 골수까지 스며있었습니다. 이 상처들을 치유하지 않고서는 한 걸음도 앞으로 나아갈 수도 없고 행복할 수도 없었습니다.

하지만 명상을 통해 상처들을 하나하나 치유하면서 마침내 내가 상처받았다는 기억들조차 치유하고 보니, 어느새 어두운 터널의 끝에 와 있었습니다. 지금 돌이켜보면 어둡고 길었던 그 터널은 제게 깊은 통찰력과 깨달음을 선물해 주었습니다.

터널을 빠져나올 무렵 OECD에 등록된 34개 국가들 중에서 가장 높은 자살율과 이혼 증가율을 비롯해서 우울증과 학교폭력 등 우리 사회의 문제들을 뼈저리게 인식하면서, 제가 겪은 아픔과 상처들이 제 개인의 문제일 수만은 없었습니다. 그래서 내 자녀세대에게는 내 상처가 절대 대물림 되지 않기를 바라는 마음으로, 많은 시간을 망설인 끝에 영업맨의 삶이 아닌 교육자의 삶을 선택했습니다.

제 인생의 나침반을 교육자로 선택하는 과정에서 저 스스로가 과연 교육자로서 자격이 있는가에 관해서 많은 망설임이 있었던 것도 사실입니다. 하지만 노력을 통해서 자신을 변화시킨 교육자도 모범적인 삶을 살아온 교육자만큼이나 우리 교육에 꼭 필요한 사람이라는 생각을 갖게 되면서, 기왕 선택한 교육이라면 혼신의 힘을 다하자는 생각으로 교육에 임하게 되었습니다.

한 번 한 번의 교육에 부족하지만 진심을 담으려 노력했고, 그런 노력 덕분이었는지 입 소문에 의해서 더 많은 교육 기회들이 주어지게 되었습니다.

마지막으로 이 책의 세 번째 목적은 부모와 자녀가 소통을 통해 자신의 인생을 길게 바라보는 안목을 갖도록 하는 데 있습니다.

현재 대한민국에서 인간의 일생을 100년이라고 가정했을 때, 25년을 1쿼터(4분의 1)라고 할 수 있습니다. 그런데 안타까운 것은 우리네 어머니들이 집착하는 가정교육과 학교교육의 대부분은 인생의 1쿼터용인 경우가 많다는 사실입니다.

그동안 기업의 신입사원 교육과 관리자교육, 관공서 고시합격생들에 대한 교육과 승진자 교육에 이르기까지 다양한 교육을 담당하면서, 1쿼터에서 펄펄 날던 선수들이 2쿼터가 시작되면 체력이 바닥나거나 당황하는 경우를 현장에서 많이 보았습니다. 그리고 1쿼터에서 감독(부모)이나 코치(교사)로부터 배웠던 기술이 2쿼터가 시작되면 전혀 먹히지 않는다는 사실에 감독과 코치(부모와 교사)를 원망하거나 스스로를 학대하고 비난하는 경우도 보게 되었습니다.

반면에 1쿼터 경기를 못했지만, 2쿼터부터 차근차근 자신의 경기를 풀어가는 경우도 보게 됩니다. 경기에 들어가기 전에 선수를 훈련시킬 때 1쿼터용이 아니라 경기 전반을 지배하는 게임의 룰을 몸에 익혀서 경기를 뛰게 하는 경우입니다. 패스 한 번, 슛 한 번을 할 때마다 감독이나 코치의 눈치를 보는 것이 아니라 매 순간 자신의 감각을 믿도록 훈련시킨 경우입니다.

경기에서 벌어질 상황을 스펙이란 이름으로 미리 외운 선수들은 외우지 못한 상황이 닥치면 멘붕 상태에 빠집니다. 하지만 상황을 지배하는 룰과 강한 멘탈을 몸으로 미리 익힌 선수들은 인생이란 경기가 중반전을 넘어 후반으로 진행될수록 경기를 지배합니다. 자신의 게임을 즐길 줄 아는 선수들, 바로 중년이 되고 노년이 될수록 삶을 즐기는 여유와 감각을 가진 사람들입니다.

이 책은 이렇게 자녀교육에 있어서 아빠들에게 힘을 실어드리고, 내면의 상처를 깊이 바라보고 치유하며, 부모와 자녀가 자신들의 인생을 길게 볼 수 있도록 도움을 드리고자 씌여진 책입니다. 그리고 교육 도중에 언급되는 사례들을 책으로 정리해 달라는 많은 교육생들의 요청에 대한 화답이기도 합니다.

이 책의 사례들을 통해 가족이 서로가 서로를 온전한 사랑으로 인식하고 치유하는 가운데 행복이 우리 삶 속에 어떻게 전달되고 녹아드는지를 담담하게 이야기하고 싶었습니다. 또한 이 책을 통해 4쿼터까지 진행되는 우리들의 인생이 어떻게 하면 신나고 행복할 수 있을지를 함께 고민하고 싶었습니다.

이 책이 자녀 교육에 관한 스트레스로 힘들어하는 이 땅의 모든 부모님들께 희망의 메시지를 조금이나마 전할 수 있다면 더할 나위 없이 좋겠습니다.

부족하고 미약한 제 글에 힘을 실어주시기 위해 바쁜 일상을 쪼개어 진정성 있는 추천 글을 써 주신 한분 한분께 진심으로 감사드립니다. 또한 이 책이 나오기까지 애쓰신 책과 나무 출판사 관계자분들께 감사드리며 누님과 형님 내외분 가족에게도 감사를 전합니다. 무엇보다 이 책은 아내와 한이가 없었다면 탄생할 수 없는 책이었기에 두 사람을 이 책의 공동저자라 칭해도 무방할 것입니다. 그리고 어머니와 아버지 두 분은 넉넉하지 못한 가정형편에서도 제게 배움의 길을 아낌없이 열어주셨습니다. 두 분이 계시지 않았더라면 지금 이 순간의 저는 세상에 존재할 수 없기에 저를 낳아주시고 길러주신 제 아버지와 어머니 두 분께 이 책을 바칩니다.

2014년 2월 소통연구소 **김도현** 소장

연애는
‘그대를 위해 죽을 수도 있어요.’라는 마음으로 하지만,

결혼 생활은
‘너를 내 손으로 죽일 수도 있다.’는 마음이 들 수도 있다.

준비되지 않은 양육의 비극은
잘못된 양육방식에 신념을 가진 부모로부터 비롯되지만,

깨어있는 양육의 기쁨은
부모와 자녀의 영혼을 함께 성장시킨다.

차례

1부 봄

2부 여름

③부 가을

④부 겨울

봄

아빠는 태어나는 것이 아니라
만들어진다

아내가 잠깐 할 말이 있다고 말하는 순간

이유를 알 수 없는 어떤 불가사의한 힘에 이끌려

아내가 임신을 알려주려 한다는 것을 알아차렸습니다.

아내가 임신을 말하는 순간

한 순간의 망설임도 없이 임신을 축하해주었지만,

맞벌이 하는 부부였기에

앞으로 아이를 키울 걱정에 조금 막막하기도 했습니다.

화학물질을 제외한 온갖 물리적인 기술로

녀석의 탄생을 막아보려 필사적으로 노력했지만

목숨 걸고, 아니 목숨을 얻기 위해

세상에 나오겠다는 녀석이었기에

결국 걱정보다는 행복으로 받아들였습니다.

엄마와 아빠의 피임을 뚫고 나올 정도로

개척정신과 열정을 지닌 녀석이라면

굳이 녀석의 삶을 걱정할 필요가 없을 것만 같았습니다.

사실 걱정해야 할 사람은 아이가 아니라 저였습니다.

아이의 탄생은 아내가 엄마로 탄생하는 과정이었지만,

아빠의 탄생은 아니었습니다.

아내는 아이가 태어나는 순간 엄마가 되었지만,

저는 아빠가 되질 못했습니다.

단지 철딱서니 없는 몸만 자란 남편에 불과했습니다.

마음 내키는 대로 내뱉는 말과

성질 내키는 대로 튀어나오는 행동으로는

아빠가 되기엔 턱없이 부족했습니다.

아빠로서 내 마음이 내 뜻대로 되지 않는 건

아빠가 되고자 하는 뜻이 내 안에 없었기 때문입니다.

스스로의 말과 행동에서 자유와 방종을 구분할 수 없었기에
아이의 말과 행동에서도 자유와 방종을 구분할 수 없었습니다.
아빠가 되기 위해서는 먼저 아빠가 되려는 뜻을 세워야만 했습니다.

아이는 아이일 뿐, 아내는 아내일 뿐,
따로국밥처럼 따로 따로 대하고
따로 따로 말하는 습관을 버려야만 했습니다.
아내와의 대화가 행복해야만
아이와의 대화도 행복하다는 사실을 알지 못했던,
철부지 남편인 저는 어쩌면 지금도
아직 아빠가 되어가는 과정인지도 모릅니다.

건드리면 발끈하는 자존심을 자존감이라 포장하고
남들과의 비교에 감추어진 열등감을 열정이라 포장하며
내면의 상처에서 비롯되는 자학을 자유라고 항변하는
애처로운 습관들에 대해서 종지부를 찍어야만 했습니다.

남들보다 빨리 가는 것만이 능사라는 강박관념으로

아이의 영혼과 인격이 채 무르익기도 전에

아이의 인생을 몰아붙이는 것이

아이를 강하게 키우는 것이라 믿었던 저는

아직 아빠로서 준비된 인간이 아니었습니다.

저는 어쩌면 아빠로서 아직 태어나는 중인지도 모릅니다.

아이가 태어나는 순간 아내는 엄마로 다시 태어났지만,

저는 아직 아빠로서 다시 태어난 것이 아니었습니다.

아내의 잔소리

연애시절 그녀를 만나서 느꼈던 가슴 설렘의 선택으로

사람들의 축복 속에 결혼을 했지만,

얼마 후 결혼생활로 인해서

좌뇌는 진절머리가 되고 우뇌는 넌덜머리가 되어

후회와 괴로움의 쓰나미가 쌍으로 밀려왔습니다.

결혼식에서 하객들이 보내주었던 축복들이

신이 계획한 저주의 또 다른 모습이었다는 생각으로 변하기까지는

그리 긴 시간이 필요하지 않았습니다.

결혼생활은 누구에게나 쉽지 않지만,

자유로운 영혼들에게 결혼생활은 특히나 어렵습니다.

마음대로 말하고 마음대로 행동하느라

철딱서니 없이 자유롭기만 했던 저는

스스로의 모습이 보이지 않았습니다.

내가 지적하면 관심과 충고, 남들이 지적하면 간섭

내 목소리 큰 것은 열정, 남들 목소리 큰 것은 폭력

내가 규정을 무시하면 혁신, 남들이 규정을 무시하면 질서파괴

내가 틀을 벗어나면 창의성, 남들이 틀을 벗어나면 기본무시

그렇게 저를 방어하고 남들을 비난하며 저를 감추었습니다.

그래서 아내의 이야기들이 제 귀에 들어올 리가 만무했습니다.

아내가 말하는

"술 마시지 마라, 일찍 들어와라, 집안 청소 같이하자,

TV 좀 그만 봐라,

일찍 자고 일찍 일어나라, 애하고 좀 놀아줘라,

어디 놀러 갈 땐 함께 가자."

모든 이야기들이 세상 물정 모르는 잔소리로만 들렸습니다.

그런데 어느 날부터 착하고 조용하던 아내가

엄마가 되고나서부터 생명력과 전투력이 느껴지는

혼이 담긴 잔소리를 뿜어내기 시작했습니다.

POSCO 용광로의 쇳물보다 뜨거운 열정으로

제 인생나침반 바늘의 방향을 '남자'에서 '아빠'로 돌리기 위해

사자후를 토해내기 시작했습니다.

B인간적이고 B합리적이며 B이성적이고 B논리적인

B형인 혈액형과

왠만큼 먹어서는 살이 찌지 않는 체질과 곱슬머리를 겸비한,

지랄만점의 남편 성질을 아빠 성격으로 변화시키기 위해

제 아내는 참다 참다 마침내 타는 목마름으로 항쟁을 시작한

것이었습니다.

(제 성질이 더럽다는 뜻이지 혈액형 B형과 마른 사람과 곱슬머리가

성질이 더럽다는 뜻은 절대 아닙니다.)

엄마가 되고나서 성분이 강화된 아내의 잔소리를

국과수(국립과학수사연구소)에 성분 분석을 의뢰했더니

아내의 잔소리 속에는

갈라파고스 땅거북 등껍질도 뚫어내는 아줌마의 굴착력과

바람 속의 ZIPPO 라이터 같은 꺼지지 않는 생명력과

스파이더맨이 내 뿜는 거미줄의 흡착성분들이

엄마라는 촉매제로 인해서 발렌타인 30년산 성분들보다

더 절묘한 비율로 융합되어 있었습니다.

아마도 아내의 의미가 '안해(Sun of Home)' 라서

사자후로 자신을 불살라 저의 어둠을 밝히고

저를 철든 아빠의 세계로 구원하고 싶었나 봅니다.

강한 햇살이 너무 뜨거워 저도 미쳐버린 적이 많았을 정도입니다.

남편의 의미가 '아내를 편안하게 해주는 남자' 라는데

저는 그 말을 도저히 믿을 수 없었습니다.

저는 '남편' 의 의미가 '아내 편이 아닌 남의 편' 이라고

철석같이 믿고 싶었습니다.

그래도 돌이켜보면 저희 두 사람이 부모로서

과거보다 지금이 훨씬 행복할 수 있는 건 모두가

스토리텔링이 담긴 아내의 엄마표 잔소리 덕분이었습니다.

아내가 잔소리 콘텐츠를 개발하기 위해 얼마나 고민했을지
생각하면,

아내가 저를 철든 인간으로 만들기 위해 얼마나 노력했을지
생각하면,

조금이나마 철든 아빠로 살아야겠다고 다짐할 수 밖에 없었기
때문입니다.

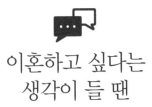

이혼하고 싶다는
생각이 들 땐

차라리 이혼하고 혼자 살고 싶다는 생각이 들 때가 있었습니다.

하지만, 제가 이혼하지 않은 건 인격이 성숙해서가 아니었습니다.

단지 귀찮아서였습니다.

다른 여자를 만나서 연애하고,

그 귀찮은 결혼식을 다시 해야 하고……

무엇보다 서로 성격 맞추느라 피곤한 시간을 또 보낼 걸 생각하니,

새로운 여인과 나누는 섹스의 짜릿함보다

새로운 여인과 나누는 일상의 잔인함이 두려웠을 뿐입니다.

그냥 지금 아내랑 살면서 힘들지만 노력하는 것이 덜 피곤할 것

같았습니다.

제가 아무리 소통교육을 하는 강사라고 해도,

저도 사람인데 아내가 좋기만 하겠습니까?

'당신은 가끔가다 딴 남자 생각을 하지?

난 가끔가다 당신 생각을 해!' 라고 말하고 싶을 때가 많았습니다.

아내가 정말 싫고 힘들 땐, 아내를 보며

이빨 꼭 깨물고 주문을 외운 적도 많았습니다.

'저 여자는 처음 보는 여자다. 처음 보는 여자다.'

저도 어쩔 수 없는 남자인지라, 처음 보는 여자라고 생각하면

아내가 좀 더 예뻐 보일까 봐 그랬습니다.

함께 사는 것도, 혼자 사는 것도, 모두가 내 선택일 뿐 선악은

없습니다.

그래서 저는 이혼이 잘못되었다는 생각을 하진 않습니다.

내 돈 주고 합의하에 물건을 구입했는데

사용하다 보니 불량이라서 반품하거나

마음에 들지 않아서 중고로 팔 수 없다면,

그건 민주주의가 아니기 때문입니다.

그래서 저는 이혼하는 사람이 잘못되었다는 생각을 하진

않습니다.

단지 아이들과 당사자들에게

감정의 앙금과 상처가 남지 않기를 기원할 뿐입니다.

함께 하면서 깨닫는 것,

헤어지고 혼자되며 깨닫는 것,

그리고 다른 사람을 만나며 깨닫는 것.

이 모든 선택이 주는 깨달음은

인간의 영혼을 성장시키는 소중한 선물이기 때문입니다.

결혼과 대물림

오늘도 결혼식장에 다녀왔습니다. 주례사를 듣고 있는데 자꾸만 씁쓸한 웃음이 올라옵니다. 서로 사랑하며 살겠냐고 물어보는 주례의 물음에 신랑신부는 확신에 차서 대답합니다.

저 신랑신부도 언젠가는 사랑하는 마음만으로는 사랑하는 부부관계가 절대 쉽지 않다는 걸 알게 될 겁니다. 초등학교 6년 동안만 다른 학교를 다녀도 문화차이가 나는데 30년 정도를 다른 환경에서 자란 두 인간이 살을 맞대고 살아가는 것이 결혼입니다. 어쩌면 저 두 사람도 얼마 지나지 않아 사랑과 배려와 존중의 기준이 서로 너무 다르다는 사실에 저처럼 분노와 미움이 후회를 수반하며 밀려올지도 모릅니다.

동생과 싸운 아이에게 "너 왜 약속 안 지켜?"라고 꾸중했더니,

"엄마 아빠도 결혼할 때 평생 사랑하겠다고 약속해 놓고 맨날 싸우잖아요?"

라고 대답했다고 합니다.

이혼하는 사람들 중에서 결혼할 때 서로 사랑 안 하겠다고 약속한 부부는 단 한 쌍도 없습니다. 하지만 OECD 국가 중에서 이혼증가율 1위, 이혼율 2위의 나라에서 주례사만으로는 행복한 결혼생활이 거의 불가능한데도, 사람들은 자신들만은 행복할 거라고 철석같이 믿고 싶은가 봅니다. 1종 보통 운전면허를 따는 만큼도 준비하지 않고 차만 좋은 것으로 샀는데, 내가 운전하는 '가정'이라는 차는 절대 사고가 나지 않을 거라고 철석같이 믿고 싶은가 봅니다. 그래서 우리네 주례사가 과거의 한국축구처럼 강인한 정신력을 바탕으로 한 '사랑은 오래 참는다.'는 분위기로 흘러가는지도 모르겠습니다. 인내심 위주의 '훈화말씀'을 듣고 있노라면 초등학교 아침 조회시간으로 돌아간 것만 같아서 심지어 어린 시절 추억에 빠질 때도 있습니다.

정신력으로 버텨보지만 참다 참다 중년이 되고 마침내 속이 썩어서 각종 스트레스성 심인성 질환이나 갑상선, 유방, 자궁 관련 질환들을 맞이하고 나면 내 자녀도 나의 정신적 고통을 대물림 받을

지도 모른다는 깨달음이 찾아옵니다. 그래서 많은 남편과 주부들의 중년 질환은, 신이 우리 삶을 흔들어 깨우려는 깨달음의 신호라고 생각합니다.

우리는 어쩌면 준비되지 않은 남편과 준비되지 않은 아내로 준비되지 않은 부모가 되는지도 모릅니다. 그리곤 자신의 준비부족을 대물림하는지도 모릅니다. 그래서 가장 무서운 대물림은 가난의 대물림이 아니라, 관계의 대물림입니다.

객관식과 객관적인 사람

우리는 12년간 객관식에 익숙한 인생을 살아갑니다. 초등학교 1학년 때부터 고등학교 3학년 때까지 '다음 문제를 읽고 정답을 고르시오.'에 익숙해집니다. 하나의 정답과 하나의 기준으로 서로를 채점하는데 익숙한 인생을 살아갑니다.

결혼을 하고 부모가 되어도 채점은 멈추질 않습니다.

상대방의 말이 내 머릿속에 존재하는 경험과 지식이라는 정답 외의 것을 말하는 순간, "당신 틀렸어!"에 해당하는 말들이 날아갑니다.

이혼 증가율 1위와 청소년 자살률 1위의 원동력은, 정답을 강요하고 서로의 말과 행동을 채점하도록 만드는 관계입니다.

당신은 남자가 상식 이하야!

당신은 여자가 센스가 없어!

당신은 아빠로서 기본이 안 되어 있어!

당신은 며느리가 되가지고 왜 이렇게 생각이 없냐!

너는 애가 왜 그렇게 싸가지가 없냐?

내가 볼 때 당신은 객관적으로 문제가 많아!

인정하기 싫지만, 우리는 어느 순간 알게 됩니다.

내가 믿었던 상식과 기본, 내가 믿었던 센스와 싸가지, 그리고 내가 객관적이라고 믿었던 그 객관적인 기준들이 사실은 하나의 생각에 불과하다는 것을……

그리곤 어느 순간 깨닫게 됩니다.

자신이 가장 객관적이라고 믿는 사람일수록 가장 주관적인 실수를 범한다는 사실을……

존댓말과 존중

한이가 6살 때 저에게 물었습니다.

"아빠, 아빠랑 엄마는 말할 때 '요'자를 붙이는데, 왜 한이한테 말할 때는 '요'자를 안 붙여요?"

"존중이 필요해?"라고 물었더니, "네"라고 답해서 며칠 동안 고민에 빠졌습니다. 내가 아빠인데 굳이 6살짜리 딸에게 존댓말을 할 필요가 있는지에 관해서 고민을 할 수밖에 없었습니다.

하지만 문득 영업을 하던 시절의 저를 돌아보면 중요한 거래처의 담당자에게는 저보다 나이가 10살 이상 어려도 존댓말 하는 것이 무척 편안했습니다. 제게 돈을 벌어주는 사람이기 때문입니다.

하지만 식당에 가서 서비스가 나쁘면 저보다 나이가 한참 많은 어른에게도 말을 함부로 하고 짜증내던 저를 돌아보게 되었습니다. 제가 돈을 주는 사람이란 이유로 돈 때문에 상대방에게 함부로 해도 된다고 생각하며 살았던 것입니다. 제가 맺은 인간관계의 본질이 인간이 아니라 돈이 되어 있었던 것입니다.

지금은 한이에게 반말을 사용할 때도 있지만 되도록 존댓말을 사용하려고 노력합니다. 그러다 보니 예전보다 존댓말을 사용하는 것이 많이 자연스러워졌지만, 처음에는 '비정상인 부모'라는 소리를 들을까 봐 무척 고민했습니다.

소통에 있어서 나이, 경험, 지위 등을 이유로 자신의 생각이 옳다고 주장하는 경우를 심심찮게 봅니다. 세월이 흘러가서 정년퇴직을 하고 나에게서 돈과 직급의 힘이 사라져도, 진정한 내면의 힘을 사용하는 소통은 어디서나 누구에게나 통할 가능성이 높습니다.

모를 땐

한번은 시험지의 주관식 문제를 풀고 있던 딸이 제게 도움을 요청했습니다.

"아빠 이거 도저히 못 풀겠어요."

"그럼 답안지에 그렇게 적어요."

"뭐라고요?"

"한이가 생각한 대로요."

"아빠, 그럼 모른다고 적어도 돼요? 아빠?"

"네, 모를 땐 모른다고 해도 되는 거예요."

"알았어요."

그리고 나서 한이는 주관식 답안지에 '몰라요'라고 적었습니다.

대한민국 형법은 범죄를 저질렀다는 혐의가 인정되는 피의자에게 조차 묵비권과 진술거부권을 인정하고 있기 때문입니다.

자신이 선택하지 않은 학습 과목과 학습 진도와 학습 과제물에 대해 모두 답변해야 할 의무가 아이에게는 없기 때문입니다.

자신이 선택하지 않은 학습 과목을 자신이 선택하지 않은 학습 진도에 맞춰서 자신이 선택하지 않은 학습 과제물까지 모두 해결해야만 하는 것이 과연 인간의 창의성을 발현시키는 교육의 본질에 맞는지에 대해서 저는 의문을 갖고 있습니다.

인생은 자기 스스로 선택하고 개척하고 책임질 수 있다는 이야기가 아이들의 귀에 어른들의 허울 좋은 세뇌로 들리지 않게 하려면 아이들이 모르는 문제에 대해서 솔직하고 당당하게 모른다고 말할 수 있기를 바랍니다. 모르는 것이 죄가 아닌데도 소위 '정답'을 전부 알아야 한다는 강박관념 때문에 모르는 것에 대해서 부끄러워하며 살 필요는 없다고 생각합니다.

혹자는 그것이 우리네 평균적인 삶이고 일상에 적응하는 것이라 하지만, 저는 그 '평균'과 그 '일상'에서 비롯된 상처를 제 자식에게 물려주고 싶지는 않습니다. 저는 제 자식이 모든 것을 알아야 한다는 걱정과 불안감의 노예로 살아가기보다는 아는 것만이라도 힘 있게 실천하도록 가르치고 싶습니다.

당당한 실천의 힘은 때때로 불가능을 이야기하는 지식의 논리를 넘어서기 때문입니다. 진정으로 자유로운 영혼은 당당한 실천의 힘을 가진 영혼이기 때문입니다.

소통이 살아 숨 쉬는
목욕탕

부부소통 교육을 진행할 때 저희 집에 가져다 놓은 소통교재 표지에는 '소통이 살아 숨 쉬는 목장'이라고 적혀 있었습니다. 그런데 일곱 살인 한이가 '소통이 살아 숨 쉬는 목욕탕'이라고 읽었습니다.

"한아, 아빠는 한이가 왜 목욕탕이라고 읽었는지 궁금한데 말해 줄 수 있어요?"

"……."

"아빠가 한이 틀렸다고 나무라는 것 같아서 말하기 싫어요?"

"네."

"아니야, 아빠는 너무 재미있어서 그런 건데."

"아빠, 나는 소통이라고 하면 아빠랑 같이 목욕할 때가 생각나서 그랬어요."

"오! 한이는 '목'자 뒤의 글자를 모르는데도, 아빠랑 목욕할 때를 상상해서 '목욕탕'이라고 했다는 거야?"

"네, 아빠."

"우리 한이 상상력이 진짜 대단한데!"

한이 얼굴에 함박웃음이 피어납니다.

한이가 초등학교 2학년이 되어도 '목장'을 '목욕탕'이라고 읽을까요? 속도의 차이는 있을지언정 관심을 기울여 주면 누구나 글은 다 읽을 수 있습니다.

중요한 것은 '목장'이나 '목욕탕' 자체가 아닙니다. '목장'이나 '목욕탕'이라는 글자를 배우는 과정입니다. 가르침과 배움의 본질은 가르침과 배움을 행하는 태도와 과정 속에 담겨 있기 때문입니다.

인간은 지식 그 자체를 통해서 삶을 배우기는 힘들다고 합니다. 지식을 배우는 과정에 담긴 소통방식을 통해서 자신의 삶 속에 적용할 관계 방식을 배워가기 때문입니다.

그리고 그 속에서 자신의 관점을 창조하게 됩니다. 자신의 관점을 창조하는 인간일수록 자신의 삶을 선택하고 그 선택을 책임질 가능성이 높습니다.

"에이 이것도 몰라?"

"당신은 어떻게 이걸 모르냐?"

"야, 네 나이 때 이 정도는 당연히 알아야지!"

"너는 제대로 아는 게 없냐?"

우리가 남편과 아내라는 이름으로, 그리고 부모와 교사라는 이름으로 무심코 던지는 말들 속에는 너무나 단단한 '당연'이라는 이름의 고정관념이 자리 잡고 있습니다.

사람마다 자라온 환경이 다르고 처한 상황이 다르고 마주한 상황이 모두 다릅니다. 나와 마주한 사람과 나와 마주한 문제를 해결하기 위해서 가장 중요한 소통기술은 '당연'을 넘어서서 세상과 사람을 보는 열린 태도입니다. 그래서 가장 소중한 소통기술은 세상과 사람을 보는 열린 관점입니다.

1등과 행복

한이가 우쭐대며 엄마에게 자랑합니다.

"엄마는 나보다 빨리 달릴 수 없죠? 내가 엄마보다 더 빨라요."

"한아, 엄마가 한이보다 달리기를 못했으면 좋겠어요?"

"……."

한이가 순간 아무 말이 없습니다. 엄마는 가만히 미소 짓고, 한이
는 골똘히 생각합니다.

유치원을 다녀온 한이가 우쭐대며 아빠에게 자랑합니다.

"아빠, 우리 유치원에서 나보다 달리기 잘하는 애는 아무도 없어요."

"한아, 한이가 만일 2등을 했다고 생각하면 기분이 어때요?"

"슬퍼요."

"그럼 그건 진짜 행복이 아닌 것 같은데……."

아빠는 가만히 미소 짓고, 한이는 골똘히 생각합니다.

유치원을 다녀온 한이가 가쁜 숨을 몰아쉬며 아빠에게 자랑합니다.

"아빠, 나 오늘 줄넘기해서 1등을 했어요. 나보다 잘하는 애는 아무도 없어요."

"한아, 아빠는 그 행복에 동의할 수 없어요."

"왜요?"

"한이가 만일 2등을 했다고 생각하면 기분이 어때요?"

"화나요."

"그럼 그건 진짜 행복이 아닌 것 같은데……."

아빠는 가만히 미소 짓고, 한이는 골똘히 생각합니다.

한이의 눈을 보며 말해줍니다.

"한아, 남들이 너를 1등이라고 인정해 주어야만 행복해지는 삶을 살지는 말아요. 그건 내 행복을 남들 손에 쥐어주는 거예요. 내 행복은 내 손에 꼭 쥐고 있어야만 한답니다. 아빠는 한이가 남들 인정이 아니라 스스로 판단하고 스스로 느끼는 행복을 자기 손에 꼭 쥐고 살아가길 바라거든요."

며칠 뒤 한이가 식사 자리에서 신나게 이야기합니다.

"오늘 줄넘기 잘 못하는 친구한테 줄넘기를 알려줬어요."

"그래서 기분이 어땠어요?"

"같이 잘하니까 좋잖아요. 서로 신나게 같이 놀면 더 재밌어요. 나도 못 하는 게 있으면 친구한테 배우면 좋잖아요."

김리한, 하산!

오죽하면 술집에도
'텐 프로'가 있을까?

중학교 2학년인 노력이는 오늘 나름 좋은 기분으로 집으로 왔습니다. 왜냐하면 이번 기말고사 수학시험에서 75점을 받았기 때문입니다. 지난 번 중간고사는 65점을 받았는데, 이번에는 열심히 노력해서 무려 '10점'이나 성적이 올랐습니다.

다른 과목도 아니고 제일 약했던 수학 과목에서 성적이 올랐다는 건, 스스로 생각해도 '내가 해냈다.'는 생각에 입가에 미소가 절로 생깁니다. 그래서 현관문을 열고 들어서며 엄마를 힘차게 불러봅니다.

"엄마! 나 왔어요."

"그래, 오늘 수학시험 성적 나오는 날이지?"

엄마는 노력이의 성적에 관심이 많아서 엄마는 노력이를 벌써부터 기다리고 있었답니다.

"네, 75점 맞았어요."

노력이는 의기양양하게 대답했습니다. 하지만 엄마는 노력이의 기를 아주, 완전히, 확실하게 죽여 놓습니다.

"문제가 쉬웠나 보네. 네 친구 민수는 몇 점 맞았니? 그리고 니네 반 반평균은 몇 점이니?"

미국의 아이들은 캠핑을 가서 밤하늘의 별을 보면 대부분 "이야, 아름답다!"라고 한답니다. 반면에, 한국의 아이들은 캠핑을 가서 밤하늘의 별을 보면 대부분 "이야, 많다!"라고 한다고 합니다.

그리고 서양인들은 각종 진단지 테스트를 하면 대부분 자신의 점수가 몇 점인지만 궁금해 하지만, 한국인들은 다른 사람들의 점수에 따라 자신이 상위 몇 %인지에 대해서 더 궁금해 한다고 합니다. 그냥 내가 어떤 상태인지보다 내가 전체 속에서 상위 몇 %인지가 더 궁금한 겁니다.

그래서 자신이 상대와 비교해서 전체 몇 %에 속하는지 알아본 후에 행복을 결정하게 됩니다. 그러다가 자신보다 상위 %에 속하는 사람을 만나면 왜소해지고 우울해지다가 노년으로 갈수록 외로워지는 경우가 많습니다.

이처럼 한국 사회는 비교를 통해서 자신의 행복이 결정되는 상위 몇 %의 삶을 살고자 달리는 사회라고 해도 과언이 아닙니다.

상위 1%, 3%, 10%⋯⋯.

오죽하면 술집이름에도 '텐 프로'가 있을까요?

찜질방에 앉아서

찜질방에 앉아 있는데, 엄마들 수다가 한창입니다.

남편 이야기가 절반이고 자식 키우는 이야기가 절반인데, 교육제도 비판에 날을 세웁니다.

"아유, 우리나라 교육제도 정말 문제가 많아요. 도대체 정치하는 사람들은 뭐하나 몰라요. 지 자식이 자살해도 저러고 있을라나. 정말 사람들이 자기 일이 아니라고 너무 무책임한 거 아닌지 몰라요."

그러다가 화제가 자녀들 성적 이야기로 넘어갑니다.

어느 애가 전교 1등을 하는지, 화제의 중심이 당연히 그 아이의 공부 방법과 그 아이를 키우는 방법이 화제가 됩니다.

엄마들이 이것저것 물어보면, 그 엄마는 이렇게 말합니다.

"아유, 저는 아무것도 하는 게 없어요."

그 이야기에 다른 엄마들 속이 터집니다. 듣고 있자니 제 속도 터집니다.

제가 던지고 싶었던 질문은 '교육제도가 잘못되었다고 그렇게 비판하면서, 왜 자기 자식 1등 하는 건 왜 그렇게 자랑하는가?' 라는 질문입니다.

학교 공부를 잘하는 것이 잘못된 것은 아니겠지만, 특정한 제도나 시스템이 잘못되었다고 비판하면서, 그 제도나 시스템에서 좋은 성적을 낸다는 것이 과연 자랑만 할 일인지 한번쯤 생각해 볼 일입니다.

1등 하는 아이는 2등 할까 봐 긴장하고, 2등은 1등 못해서 억울하고, 중간은 상위권 애들하고 비교당해서 욕먹고, 꼴찌는 사람 구실 못한다고 수치심 자극 받고…….

오늘날 한국 사회에서 청소년 자살의 문제가 비단 성적 하위권 학생들만의 문제가 아니라는 것은 교사, 학부모, 교육전문가 모두가 동의하는 부분입니다. 그렇다면 나부터 이 제도 속에서 충실하게 길들여지는 아이들을 과연 칭찬만하고 부러워만 할 수 있는 것일까요?

아빠는 학교 다닐 때
뭘 배우셨어요?

강의 준비를 하고 있는데 한이가 다가와서 숙제를 도와달라고 합니다.

"아빠, 숙제 너무 힘든데 좀 도와주세요."

"숙제가 너무 어려운가보네."

"네, 아빠"

"그럼 한 번 볼까?"

한이와 머리를 맞대고 숙제를 했습니다. 바쁘지만 딸의 숙제를 오랜만에 도와준 남편이 듬직해 보였는지 아내는 흐뭇한 눈길로 저를 바라봅니다. 하지만 잠시 후 그 흐뭇함은 한방에 날아갔습니다.

숙제를 도와준 아빠가 대단해 보였는지 한이가 물었습니다.

"아빠는 어쩌면 모르는 게 없어요? 어떻게 다 알아요?"

"공부했으니까 알죠."

"학교 다닐 때요?"

"아뇨."

"그럼 언제요?"

"군대 갔다 와서 공부했죠."

"그럼 아빠는 학교 다닐 때 뭘 배우셨어요?"

"학교 다닐 필요가 없다는 걸 배웠는데요."

"히히 아빠, 그럼 나도 학교 안 가도 되는 거예요?"

"글쎄, 그래도 지금은 친구들하고 놀려면 학교는 가야 할 것 같은데."

"아! 그렇구나."

대화를 듣고 있던 아내의 마음이 흐뭇함에서 걱정으로 바뀌었습니다.

"여보, 왜 애한테 자꾸 그런 이야기를 하고 그래요?, 애가 당신한테 물들잖아요?"

"난 솔직하게 말한 건데요, 난 학교 다니면서 친구들 사귄 거랑 중

3때 담임 선생님 만난 거 말고는 내 인생에 도움 되는 걸 배웠다는
생각이 별로 안 들어요."

"그래도 한이한테 말할 때는 조심하세요, 한이가 학교가기 싫다고
그러면 당신이 책임질거에요."

"그럼 당신은 학교 다니면서 배운 것 중에서 지금 뭐가 도움되는
데요?"

"……"

"그리고 당신은 한이가 학교 다녀서 안 행복하면 책임질 수 있어
요? 어차피 학교를 다니던 아르바이트 하면서 검정고시를 쳐서 대
학을 가던, 자기인생 자기 스스로 선택하고 책임지는 연습을 어릴
때부터 하는 것도 좋잖아요?"

모든 것이 자기 선택이라고 생각합니다.

식사도 1일3식보다 1일1식이나 1일2식이 건강에 좋다는데, 학교도
초중고 세 개 모두 다니느니 한 두 개만 다녀서 나쁠 건 없다고 생각
합니다. 아르바이트 해가면서 공부하고 학비 벌어서 대학을 가던지
바로 취직하겠다면 그것도 자기 나름의 선택이라고 생각합니다.

결국 세 식구가 머리를 맞대고 몇 번을 고민한 끝에 중학교부터는
한이가 학교문제를 스스로 선택하도록 결론을 내렸습니다.

배움에 관하여

오늘 아침에도 아빠와 한이는 서로의 눈을 보며 인사합니다.

"나는 위대하고 거룩하고 아름다운 영혼입니다." 라고 말하며

인사합니다.

학교로 가는 한이의 뒷모습을 보며 아빠는 기원합니다.

한아!

배움은 신나는 것이란다.

그래서 신나는 배움이 너의 내면에서 일어나길 바란다.

그렇지만 진정한 배움은

네가 진정으로 배우길 선택했을 때에만

너의 내면에서 일어나는 것이란다.

다만 교실에서의 배움을 선택하기 너무 힘들면,
나중에 다른 배움의 방식을 선택해도 아빠는 괜찮단다.

아빠는 아빠 자신을 믿기에 너를 진정으로 믿을 수 있단다.
엄마를 믿지 못하고 팀원들을 믿지 못했던 아빠의 마음 안에는
아빠 자신과 아빠의 선택을 믿지 못하는 자기불신이 있었단다.

자신을 진정으로 믿으며 상대를 믿는 사람은
상대에 대한 믿음을 쉽게 저버리지 않는단다.
설사 상대가 배신하더라도 털어버릴 수 있단다.
아빠는 아빠 자신에 대한 믿음으로 배움을 얻었기에
네가 어떤 배움의 방식을 선택하더라도 응원할 생각이란다.

왜냐하면 네가 무엇을 배우는가보다 더 중요한 것은
네가 선택한 배움의 방식에 네 스스로 책임지는 배움이
인생에서 가장 소중한 배움이기 때문이란다.

한아!

깊이 배우길 원한다면 네가 원하는 배움이

무엇인지부터 스스로 깨달아야 한단다.

원하는 대학을 간다고 해서

반드시 원하는 배움을 얻는 것은 아니란다.

그래서 원하는 대학을 가는 것보다

원하는 배움을 아는 것이 먼저란다.

그래서 아빠는

네가 무엇을 어떻게 배우길 원하는지

네가 스스로 선택하고 스스로 책임지도록

아빠의 배움을 통해서 너에게 전해주고 싶단다.

한아!

스스로 선택하고 스스로 책임지는 여정이기에

두려움이 밀려올 수도 있단다.

하지만,

위대한 영혼은 위대한 배움을 선택할 수 있으며,

거룩한 영혼은 거룩한 가르침을 알아차릴 것이며,

아름다운 영혼은 아름다운 성장을 느낄 수 있기에

너의 위대하고 거룩하고 아름다운 배움의 여정에

아빠의 위대하고 거룩하고 아름다운 가르침의 응원을 보낸다.

2부

여름

신난다

'신난다'는 말을 저는 무척 좋아합니다.

'신난다'는 '신이 나와서 이 순간에 나와 함께 한다.'는 뜻이기 때문입니다.

신이 나와서 이 순간에 나와 함께하려면 나의 마음이 과거도, 미래도 아닌, 지금 이 순간 여기에 있어야 합니다.

우리는 사람과 만나면 신나지 못하도록, 과거로 가도록 길들여집니다. 상대방의 집안, 학벌, 직장, 연봉에 관심을 가지도록 길들여집니다.

상대방의 스펙은 어디까지나 상대방이 지나온 과거입니다. 스펙은 지금 이 순간 신나는 사람인지를 나타내는 현재가 아닙니다. 과거일 뿐입니다.

지금 이 순간 가장 중요한 것은 지금 내가 느끼는 상대방이 신나는 사람인지가 가장 중요합니다.

그래서 학교생활에 관해서 이렇게 물어봅니다.

"한아, 오늘 학교생활 신났어요?"

"네, 아빠. 근데 나 지금 놀이터에 놀러 가야 되요."

"네, 신나게 놀다 오세요."

"네, 아빠."

저는 한이가 몇 등을 했는지, 몇 점을 받았는지, 몇 등급인지보다 지금 이 순간이 신나는지가 더 궁금합니다. 그리고 한이의 삶이 신나려면 저의 삶이 신나는 것이 중요합니다.

저부터 제 삶에 신을 초대할 수 있어야 한이도 자신의 삶에 신을 초대하는 방법을 아빠에게 배울 수 있기 때문입니다. 지금 이 순간 여기에서 신과 함께 하시기 바랍니다. 신난다! 신난다! 신난다! 신이 납니다.

창의성의 본질

창의성은 본질은
새로운 현상의 창조가 아니라
새로운 관점의 창조입니다.

새로운 관점은 새로운 관계로부터 비롯됩니다.
내 앞에 벌어지는 상황과 나 사이의 새로운 관계
그 속에 창의성의 본질이 숨어 있습니다.

사물과 사물 사이의 새로운 관계
상황과 상황 사이의 새로운 관계
사람과 사람 사이의 새로운 관계

관계를 바라보는 관점의 변화가
'창의성'이란 이름으로 드러나는 것입니다.

그래서 창의성은 소통을 통해서 깨어나는 영역입니다.
그래서 창의성은 지식이 아닌 지혜의 영역입니다.
지식은 배움의 영역이지만, 지혜는 깨달음의 영역이기
때문입니다.

그래서 창의성은 비범한 그 누군가의 전유물이 아니라
평범한 사람이 자신의 일 속에서 행복감을 느끼며 노력할 때
우리들의 뇌를 방문하는 신의 또 다른 모습일 뿐입니다.

이런 부모 있습니다

아이가 어렸을 때부터 문학책을 많이 읽으면 좋다고 했더니,

아이에게 묻지도 않고 문학전집을 왕창 사주면서

"너 문학책 많이 읽어야 된다."라고 하는 부모.

아이가 어렸을 때부터 역사책을 많이 읽으면 좋다고 했더니,

아이에게 묻지도 않고 역사전집을 왕창 사주면서

"너 역사책 많이 읽어야 된다."라고 하는 부모.

아이가 어렸을 때부터 외국어를 하면 좋다고 했더니,

아이에게 묻지도 않고 외국어 프로그램을 왕창 등록해서

"너 외국어 잘해야 된다."라고 하는 부모.

부모가 선택한 배움에 자식이 책임져야 한다고 가르치는 것이
과연 진정한 가르침과 배움인지는 의문입니다.
내가 중요하고 좋다고 생각하는 것은 무엇이든지
상대방도 나만큼 중요하게 생각하고 좋아해야 된다는 태도는
갈등의 씨앗이기 때문입니다.

"야, 이거 진짜 좋은데 넌 왜 싫어? 너 진짜 이상한 애다."
이렇게 말하는 아이가 자라서 결혼을 하면,
"여보, 어떻게 이걸 모를 수가 있냐? 당신 정말 이상한 거 아냐?"
라고 말할 가능성이 높기 때문입니다.

아빠의 눈이 민족의 역사에 대한 자부심으로 빛나고,
아빠의 가슴에서 따뜻한 문학적 감수성이 느껴지며,
아빠의 삶 속에서 다른 나라와 다른 민족을 이해하려는
노력이 보일 때,
아이의 내면에서 역사와 문학과 외국어를 공부하고 싶은
선택이 저절로 일어나게 마련입니다.

그리고 그 선택이 일어나는 과정이야말로 소통의 결정체입니다.

그래서 문학이든 역사든 외국어든 모든 배움의 과정에는

소통이 녹아 있어야 합니다.

배움을 선택하는 과정 자체가 가장 소중한 배움이기 때문입니다.

남자는 태어나서
세 번만 운다

어느 화창한 날 등산을 갔다가 산에서 내려오는 길이었습니다.

그런데 갑자기 앞쪽에서 아이 울음소리가 들렸습니다. 초등학교 저학년쯤으로 보이는 한 아이가 넘어져서 돌부리에 무릎을 부딪쳤는지 울고 있었습니다.

저는 얼른 달려가서 아이에게 "정말 많이 아프겠다. 아이고, 얼마나 아플까…… 아프면 울어도 괜찮아."라고 말하며 아이를 가만히 안아주고 있었습니다. 아이는 참았던 고통을 제 품에 안겨서 고통을 울음으로 토해내기 시작했습니다.

그런데, 그 찰나 아이의 엄마가 나타났습니다. 그러더니 제게 안겨 있던 아이를 낚아채서('빼앗아갔다'는 표현이 적절할 겁니다) 아이에게 "울지 마, 뚝!"이라고 말합니다. 그러자, 아이가 억지로 울음을 참으려 애쓰는 통에 숨 쉬는 것이 부자연스러워져 가슴을 움츠리게 되었습니다.

아이가 가슴을 움츠리자 엄마는 곧바로 아이의 등을 손바닥으로 때리며 "가슴 펴!"라고 말합니다. 그러자 아이는 가슴과 허리를 펴고 걸어보려 하지만, 울음을 참느라 답답한 가슴이 자꾸만 움츠려 듭니다. 가슴이 움츠려 들 때마다 엄마는 아이의 등을 손바닥으로 때리며 가슴을 펴라고 말합니다. 그 모습을 지켜보는 제 가슴이 더 답답했습니다. 문득 칼릴 지브란의 시가 생각났습니다.

그대들은 아이들을 돌보는 관리자일 뿐

결코 소유자가 아니라는 점을 명심하라.

(중략)

아이들에게 육체의 집을 마련해 준다고 해서

영혼의 집까지 지어 주려고 하지 말라.

— 칼릴 지브란 〈예언자, 아이에 대하여〉 중에서

마침내 산 아래로 다 내려와서 엄마는 아이에게 이렇게 말합니다.

"엄마가 마트에 가서 아이스크림 사줄게"

그 모습을 보고 있던 저는 안타까움에 가슴이 더욱 답답해졌습니다.

제게는 그 아이가 자라면서 겪어야 할 상처와 자신의 엄마를 원망하며 살아갈지도 모를 중년 이후의 삶이 어렴풋이 보였기 때문입니다.

아이가 자신에게 고통이 닥쳐왔을 때 자신의 감정, 자신의 내면과 대화하는 방법을 배울 수 있는 소중한 배움의 순간을 부모가 아이스크림이라는 물질적인 수단으로 덮어버렸기 때문입니다.

이렇게 되면 자신의 내면을 향해야 할 의식의 초점이 아이스크림이라는 외부를 향하게 되면서 자신의 내면과 멀어지게 됩니다. 확대해석이라고 생각 할 수도 있지만, 어릴 때부터 이런 방식으로 길들여진 사람은 직업선택과 업무처리의 기준이 자신의 내면이 되기보다 돈이 먼저일 수 있습니다.

기업에 취직하거나 공직자가 되면 인사징계나 성과급이 아니면 꿈쩍도 하지 않는 노예같은 직장생활을 하며 '원래 다 그렇고 그런 거 아냐?' 라는 말을 입에 달고 사는 경우가 많습니다.

기업체나 관공서에 출강해서 주인정신에 관한 강의를 할 때마다 교육생들을 만나면 어린 시절의 양육방식이 얼마나 중요한지 절감하게 됩니다. 나를 움직이는 원동력이 나의 가슴과 나의 내면이 되지 못하는 이유는 내 자질이 부족하거나 내가 본래 이기적인 인간이기 보다는 어린 시절부터 길들고 물들여진 이유가 저는 크다고 봅니다. 단지 어린 시절부터 길들여졌기 때문입니다. 이 날 제가 목격한 엄마와 자녀 사이의 그 일은 비단 그 날 두 모자만의 상황은 아니었습니다. 하지만 그날 저는 부모교육의 소중함을 절감하며 교육자가 되기로 다짐하고 또 다짐했습니다. 그 엄마가 잘못된 것이 아니라 단지 모르기 때문이었습니다. 잘못된 양육방식에 신념을 가지도록 그 엄마도 길들여진 것일 뿐이었습니다. 우리는 모두 나쁜 부모가 아니라 단지 모르는 부모일 뿐입니다. 저 역시 나쁜 아빠가 아니라 모르는 아빠였기 때문입니다.

크리스마스를 며칠 앞둔 어느 날 아침이었습니다.
딸이 크리스마스 노래를 부르고 있는데, 가사가 점점 마음에 걸리기 시작했습니다.

울면 안 돼 울면 안 돼
산타 할아버지는 우는 애들에게 선물을 안 주신대
산타 할아버지는 알고 계신대
누가 착한 앤지 나쁜 앤지 오늘 밤에 다녀가신대
잠잘 때나 일어날 때 짜증낼 때 장난할 때도
산타 할아버지는 모든 것을 알고 계신대

울면 안 돼 울면 안 돼

산타 할아버지는 우리 마을에 오늘 밤에 다녀가신대

울면 안 돼 울면 안 돼

산타 할아버지는 우는 애들에게 선물을 안 주신대

듣고 있자니 못내 마음에 걸렸습니다. 물론 재미로 부르고 무심코 부르지만, 유치원 시절부터 어른이 되어서도 계속해서 부르는 노랫말 가사에 벌써부터 '우는 사람은 나쁜 사람, 선물 받을 자격이 없는 사람'으로 가르치는 것 같았기 때문입니다.

저는 개인적으로 이러한 가사에 동의할 수 없었기 때문입니다. 그래서 저는 "한아, 울어도 괜찮아요. 운다고 해서 나쁜 애가 되거나 선물을 받지 못하는 애가 되는 건 아니거든요."라고 해주었더니, 노래를 부르던 딸이 노래를 멈추더니 "알았어요, 아빠."라고 대답했습니다.

눈치 빠른 제 딸이 아빠가 왜 이런 이야기를 하고 있는지 이미 이해를 한 것입니다.

이처럼 감정에 관한 고정관념 중에서 '남자는 태어나서 세 번만 운다.'라는 말과 '남자가 흘리지 말아야 하는 것은 눈물만이 아니다.'

라는 말도 있습니다. 어릴 때부터 '남자는 태어나서 세 번만 운다.'
라든지 '울지마, 뚝!'과 같은 감정억제를 강요받는 말을 듣고 자라
면 '눈물 흘리는 것은 약한 것이다.'라는 고정관념이 형성될 수밖에
없습니다.

고정관념이 한번 형성되면 다른 사람들이 눈물 흘리는 것에 대해
'약하게 질질 짜고 있다.'라는 비난을 하게 됩니다. 그리고 자기 자
신의 내면에서 눈물이 올라올 때마다 '이건 약한 거야, 울면 안 돼!'
라며 자신의 감정을 억누르게 됩니다.

하지만 EBS에서 방영된 〈눈물의 선물〉을 통해서 알려졌듯이, 눈물
은 몇몇 세균들을 1시간 만에 99%, 3시간 만에 99.99%를 제거하
고, 혈관을 축소시키는 스트레스 호르몬을 인체 밖으로 배출시킨
다고 합니다. 그래서 슬플 때 울지 않으면, 다른 장기가 '질병'이라
는 이름으로 대신 울게 된다고 합니다.

그러다 보니 인간은 본능적으로 고통스러운 일을 겪으면, 자신의
눈물을 100% 이해해 주고, 받아들여 줄 수 있는 사람을 찾게 되는
데 이는 지극히 현명하고 지혜로운 행동입니다.

한국 남성들의 평균 수명이 여성들보다 짧은 이유는 스트레스를
웃음과 눈물로 해소하기보다는 술과 담배로 해소하는 것이 중요한

이유인 것 같습니다.

이제 '남자는 태어나서 세 번만 운다.'라든지 '울지마, 뚝!' 같은 교육은 사라졌으면 좋겠습니다.

내가 원하는 인간관계

예로부터 우리말에 '잣대'라는 말이 있습니다.

'잣대'라는 말은 '자로 쓰는 막대기'라는 뜻과 '어떤 문제나 현상을 판단할 때의 기준'이라는 뜻을 갖고 있습니다. 그런데 잣대를 한자로 표현하면 '척(尺)'이 됩니다.

옛말에 키가 큰 장군을 표현할 때 '9척 장신이다', '8척 장신이다'와 같은 표현을 쓰기도 하고, 사람과 사람 사이에 서로 다른 생각으로 인해서 싸우고 난 다음에 감정의 앙금이 남아 있는 경우를 사람 사이에 서로 '척(尺)졌다'라는 표현을 씁니다.

소통을 한자말을 풀이하면 '트일 소(疏)' 자에 '통할 통(通)' 자를 써서 막힘이 없이 두루 트이고 통한다는 뜻입니다. 사람 사이가 조화롭고 막힘없이 두루 트이고 통하려면 자신의 잣대, 즉 '척(尺)'을 갖

고 사람을 보지 말라는 뜻으로 '무척 좋은 사이'라는 말을 사용하곤
합니다.

無 (없을 무) 尺 (잣대 척) 좋은(조화로운) 사이

척이 없이 조화로운 사이

요즘은 아이가 유치원에만 들어가도 부모들이 아이를 있는 그대로
봐주지 않고 '척'을 세우고 아이를 보는 경우가 많습니다. 이 맘 때
쯤이면 한글은 당연히 읽어야지, 몇 살 되면 곱하기와 나누기는 당
연히 할 줄 알아야지, 네 나이 때쯤이면 영어가 이 정도는 돼 줘야
지, 이 정도 학원은 다녀 줘야 하고, 이 정도 투자했으면 이 정도
점수는 나와 줘야지…….

이 맘 때, 이 정도, 이 나이, 이 수준의 기준은 도대체 누가 왜 만
든 것일까요?

이런 '척'들은 결국 아이들의 마음속에서 아이가 어른으로 자라날
때 함께 커져서, 어른이 된 뒤에는 다시 그 척으로 부모와 상대를
평가하는 기준(척)이 됩니다. 누구네 부모는 유학 보내줬다더라,
누구네 부모는 결혼할 때 뭘 해줬다더라…….

결국 뿌린 대로 돌아옵니다.

무엇보다 안타까운 것은 그 '척'으로 자기 자신을 찌르고 힘들게 한다는 사실입니다.

그래서 인간관계 , 특히 가족관계는 '무척 좋은 사이'가 제일 좋습니다.

말을 하세요

언제쯤인지 정확히 기억은 나지 않지만, 제법 오래전의 일인 것 같습니다.

어느 날 고향집이 있는 지역에 출장 갈 일이 있어서 업무를 마치고 고향집에 들러서 밥을 먹게 되었습니다. 어머니께서 제게 밥을 차려주시고는 다른 음식을 만드시며 돌아서서 말씀을 시작합니다.

"○○네 아들이 이번에 엄마 용돈을 ○○○원을 줬다더라. 야, 아이구 그 엄마가 얼마나 좋을까?"

우리 어머니의 레퍼토리를 잘 아는지라 참고 듣다가 이건 아니다 싶었습니다.

어린 시절부터 친척이나 다른 집 자식들과의 그 놈의 '비교' 때문에 받은 스트레스가 그닥 유쾌하지 않았기 때문입니다. 그리고 저도 결혼하고 취직해서 애 아버지가 되었는데, 어머니의 비교는 그칠 줄을 몰랐기 때문입니다.

밥을 먹고 있는데 밥맛이 영 거시기 합니다.

한 두 번 하고 그만하면 좋으련만, 어머니는 이런 이야기를 즐겨하셨습니다.

그래서 제가 넌지시 이야기를 꺼냈습니다.

"누구네 엄마가 이번에 자식 사업하는데 힘내라고 차도 새로 뽑아주고 밑천까지 다 대줬다고 하더라고요."

저는 계속해서 이야기를 이어 나갔습니다. 그러자 점점 어머니의 표정이 어두워지셨습니다.

그러고 나서 어머니께 가만히 여쭤 보았습니다.

"어머니, 제가 이런 이야기 하니까 어머니 기분 좋으세요?"

"안 좋지."

"그런데 어머니는 왜 계속 다른 집 아들과 저를 비교하세요? 어머니, 자식들 아픈 데 없이 건강하고 서로 화목하게 지내면 더 바랄 게 없다고 하셨죠?"

"그래."

"그럼 행복한 거잖아요. 어머니, 자꾸 비교하면 복 나가요."

어머니도 느낀 게 있으셨는지, 그 다음부터는 그런 이야기를 안 하십니다.

우리 어머니께서 저를 사랑하지 않는 것이 아닙니다. 저도 마찬가지입니다.

가족은 누구나 서로를 사랑한다고 말합니다. 하지만 서로 사랑하는 방식도 상대방이 동의해야 사랑입니다. 그리고 사랑을 강요할 수는 없다고 생각합니다. 내가 이만큼 해줬으니 너도 나한테 이만큼 해줘야 한다면, 그건 적립식 보험이지 부모 자식 관계가 아닙니다.

나는 사랑인데 상대가 불편하면 그건 사랑이 아니듯이, 불편하면 솔직하게 말을 해야 합니다. 그래서 협의하고 조정할 건 조정하고, 정말 어쩔 수 없다면 받아들일 건 받아들여야 할 겁니다.

'그냥 어른들 이야기인데, 듣고 참지 뭐!'라고 하면서 정작 돌아서서, '내가 무능해서, 내가 죄인이라서, 내가 부족해서……'라는 말과 생각으로 자신을 학대하진 마세요.

부모님도 당신이 스스로를 학대하거나 괴로워하는 것을 원하지는 않으실 겁니다. 당신도 당신의 부모님처럼 하나뿐인 소중한 사람이기 때문입니다.

화내고 나서

화내고 나서, "아빠가 너무 힘들어서 화를 참지 못했다."고
말했습니다.
"아빠가 실수했다."고 말했습니다." 그리고 "미안해요."라고
말했습니다.

너무 미안해서 눈물이 흘렀습니다.
꼭 안았습니다. 눈물이 흘렀습니다.
함께 울었습니다. 한참을 울었습니다.
딸을 안는데, 어린 시절의 저를 안는 것만 같아서 눈물이
흘렀습니다.

딸의 눈물 속에 비치는 제가 보여서,
저를 안는 마음으로 꼭 안아주었습니다.

화내는 아빠가 얼마나 무서웠을까 생각하니 눈물이
계속 흘렀습니다.
딸이 느꼈을 두려움이 밀려와, 자꾸만 눈물이 흘렀습니다.

두려움에 떨던 딸의 모습 속에서 저를 보았기 때문입니다.
어린 시절 선생님들의 체벌과 아버지의 꾸지람이 무서워
두려움에 떨던 제 모습이 보여, 마음이 너무 아려왔습니다.

모진 세상으로부터 자식을 지키는 것보다
더 위대한 아버지의 용기는
자신의 실수와 부족함을 자식에게 인정하는 용기입니다.

가족을 먹여 살리기 위해 밖에서 돈을 벌어오는 것보다
더 거룩한 아버지의 용기는
자식에게 진심으로 사과하는 용기입니다.

진심으로 사과하는 부모의 용기는

부모와 자녀의 상처를 함께 치유하기 때문입니다.

사과할 땐

사과할 땐 술을 마시고 사과하지 마세요.

사과할 땐 밥을 먹으며 사과하지 마세요.

사과할 땐 뭔가를 사주며 사과하지 마세요.

사과는 사과 그 자체에 집중해서

나의 잘못과 상대의 상처가

사과의 중심이 되어야 합니다.

한 번만 더 그러면

다음엔 국물도 없다는 용서가 아니라

나도 상대도 피고와 재판관이 아닌 사과

서로가 서로를 온전한 사랑으로 인식하는 사과

맨 정신에 눈을 보며 진심으로 안아줄 수 있는 사과

때로는 말보다 서로의 상처와 아픔에 눈물이 말하는 사과

그런 사과라면 온전한 사과일 것 같습니다.

화난 사람 더
화나게 하는 비법

화난 아내나 남편에게 이렇게 말해 보세요.

"화낸다고 뭐가 달라지냐?"

"화내는 게 얼마나 어리석은 행동인지 알아?"

"화내면 너만 손해야."

"화내다 너 언젠가 큰 코 다친다."

"화내지 마."

"화내면 건강에 해로워."

그러면 아내나 남편이 당신을 정말 미워할지도 모릅니다. 이런 말
들은 상대를 더 화나게 하기 때문입니다.

화난 사람의 내면에 불을 지르는 '지적질'입니다.

화난 사람에게 '당신은 나보다 뭘 모르는 어리석은 사람이군요.'라는 메시지를 계속해서 전달하는데, 어떻게 화가 더 안 날 수 있겠습니까?

화난 사람한테 '지적질'은 불 난 집에 부채질입니다.

화상 입기 싫으면 그냥 입 다물고 듣습니다. 다 듣고 나서 이렇게 말해 보세요.

"당신 정말 화났겠다. 그렇게 화나는데도 그만큼이라도 참고 온 걸 보면 당신이 부처네."

결혼하고 애까지 키우는 부모인데, 화가 가라앉고 때가 되면 자신을 돌아볼 겁니다.

그리고 어느 날 문득 이런 깨달음을 얻을지도 모릅니다.

부처 눈에는 부처만 보인다!

부부싸움의
수준

부부가 싸우는 모습을 보면 부부의 수준이 보일 때가 있습니다.

철부지 부부는

"야! 너 죽고 싶냐!"라는 말이 먼저 튀어나옵니다.

감정조절 빵점인 부부는 자신이 전혀 보이지 않기 때문에

화가 나면 내가 느끼는 분노의 감정에게 먹이를 주기 위해

상대를 인간이 아닌 희생양으로 삼아야 하기 때문입니다.

서로 자기만 똑똑한 부부는

"어떻게 그럴 수 있어? 그게 논리적으로 말이 되?"라고 말합니다.

자신의 지식이 너무나 완벽해서 상대가 틀렸다는 말을

세련되게 합니다.

상대를 인간으로 보지만 자신보다 지식이 부족해서

내가 가르쳐야 할 대상으로 보기 때문입니다.

서로 화가 나지만 서로를 신뢰하는 부부는

"정말 속상하고 화가 나, 그런데 내가 모르는 이유가 있을 것

같은데?"

라며 이해를 위한 노력을 멈추지 않습니다.

상대도 나도 동등한 인간이기에 나도 부족할 수 있다는 생각에서

출발하기 때문입니다.

눈치 채셨겠지만 여기 나오는 이야기는 모두 제 이야기입니다.

살다 보니 조금씩 성장하는 것 같습니다.

결혼식과 출산이 부부를 어른으로 만드는 것이 아니라,

결혼 생활과 양육에 책임을 지고자 하는 그 마음이

사람을 어른으로 성장시키는 것 같습니다.

때리는 친구에게는
어떻게 말하면 좋을까요?

하루는 한이가 옆자리의 남자 짝꿍이 자기를 매일 때린다며 고민을 털어놓은 적이 있습니다.

순간적으로 화가 올라왔습니다. 아빠인 저로서는 정말 마음이 아프고 속이 상했지만, 감정을 가라앉히고 한이와 차근차근 대화를 나눠 보니 '아! 내가 그 아이를 내 잣대로 비난하고 있구나.'라며 제 모습이 보였습니다.

한이가 스스로 이 문제를 해결할 수 있도록 짝꿍 아이를 비난하거나 그 아이가 상처받지 않도록 모두가 행복한 방법을 찾는 것이 가장 중요했습니다.

"한아, '친구야 때리지 마!'라고 종이에 적어서 친구가 때리려고 할 때마다 그 종이를 보여 주면 좋을 것 같은데, 한이 생각은 어때요?"

"카드에 적어서 보여 주는 건 좋은데요, 그런데 '때리지 마!'는 좀 그런데……."

"그럼 한이는 어떻게 하고 싶은데요?"

"엄마가 '친구야, 네가 때리면 나 아파, 나는 너랑 사이좋게 지내고 싶어, 다음부터는 말로 했으면 좋겠다.'라고 말하라고 했는데, 그 말을 종이에 적어서 보여 주면 좋을 것 같아요. 하지 말라고 하는 것보다 그렇게 말하는 게 좋잖아요."

"그래, 하지 말라고 하는 것보다는 원하는 걸 말하는 게 좋겠다는 거지?"

"네."

"오케이!"

이런 경우를 두고 '애가 어른보다 낫다.'라는 표현을 사용하는 것 같습니다.

부모가 깨닫는 만큼 아이가 성장합니다.

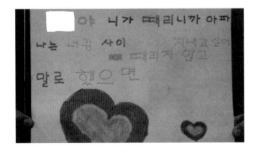

상대를 춤추게 하려고
칭찬하진 마세요

칭찬은 고래도 춤추게 한다는 말이 있습니다.

좋은 말입니다. 그런데 간혹 오해하는 부모와 교사와

직장상사들이 있습니다.

상대방을 내 뜻대로 춤추게 하려고 칭찬하진 마세요.

부하직원을 야근 시키려 등에 손을 얹고 수고한다 말하진 마세요.

아내에게 잘못한 일이 있어서 아내가 예쁘다고 말하진 마세요.

정말 믿지도 않는데 넌 잘 할 수 있을 거라 말하진 마세요.

아내는 압니다.

그리고 아이는 압니다.

당신의 칭찬이 진심인지를…….

진심을 담을 수 없다면 차라리 침묵을 선택하세요.

소통기술은 진심을 가진 사람이 말주변이 없어서 고민할 때

마음을 전달하거나 도움을 주기 위한 기술입니다.

진심이 아니라면 진심이 되는 기술을 먼저 배우시기 바랍니다.

Spiritual Vitamin ,
진실한 칭찬과 감사

오랜 시간 강의를 하다 보면 간혹 힘든 경우가 있습니다.

힘든 강의일정을 모두 소화하고 집으로 귀가하는 날이면 몸과 마음이 지치지만, 가끔 교육생들이 전해 주는 진실한 칭찬과 감사는 가장 큰 힘이 됩니다.

제가 지도했던 소통교육모임 가운데 '행복향'이라는 그룹이 있었습니다. '행복향'이라는 말은 '행복의 향기가 나는 사람들'이라는 뜻입니다. 이분들이 종강시간에 제게 적어 주셨던 편지글의 일부를 소개할까 합니다.

가끔 내 자신이 내 마음을 다스린다 생각될 때 놀라기도 합니다.

내 마음을 읽어 보니 남의 마음도 느껴지는 것 같아요.

인생에서 가장 소중한 것,

그렇지만 우리가 잊고 살았던 것,

알면서도 모른 척 외면하고 살았던 것들을

일깨워 주셔서 감사합니다.

- 행복향, 종강 편지글 중에서

저는 진실한 칭찬과 감사는 나의 내면이 가장 좋아하는 '영혼의 보약'이라고 생각합니다.

그래서 진실한 칭찬과 감사를 저는 'Spiritual Vitamin'이라고 표현합니다.

3부

가을

큰 소통과
작은 소통

나라와 민족 간의 소통이 되지 않아서 갈등(전쟁)이 생기면, 개인과 가족이 아무리 소통을 잘해도 그들이 누리던 작은 소통, 작은 평화, 작은 행복은 송두리째 날아가기 마련입니다.

민족과 국가 간의 큰 소통을 하는데 있어서 가장 중요한 본질은 각 나라와 민족들이 자신의 나라와 자신의 민족 안에 존재하는 평화와 아름다움을 자각하는 것입니다. 진정한 평화와 진정한 소통은 남들이 가져다주는 것이 아니라 자신 안에 존재해 왔던 가장 아름다운 것을 자각하는 것이기 때문입니다.

개인의 상처를 치유하기 위한 가장 깊은 통찰은 자신 안에 존재하는 위대하고 거룩한 본래의 온전함을 회복하는 길입니다. 마찬가지로 나라와 민족이 가진 상처를 회복하는 가장 지혜로운 태도는 나라와 민족의 역사 속에 존재하는 위대하고 거룩한 역사를 스스로 알고자 하는 태도입니다.

가장 완벽한 치유는 남들이 해주는 것이 아니라 결국 자신 안에 존재하는 본래의 온전함으로 돌아가는 것이기 때문입니다.

그래서 개인과 나라와 민족의 소통에 있어서 가장 중요한 것은 자기이해를 기반으로 한 상대이해입니다. 자신을 이해하지 못하는데 상대를 이해한다는 것은 피상적인 이해, 관념적인 이해에 머물 뿐이기 때문입니다.

모든 인간은 자신 안에 존재하는 평화를 자각할 때 가장 근본적인 평화를 회복할 수 있기에 한국인들은 결국 한민족의 평화철학과 소통철학을 자각하는 것이 가장 중요합니다.

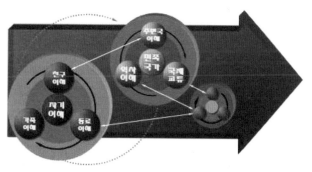

자기나라와 자기민족 이해의 중요성

우리가 성인으로 알고 있는 마하트마 간디와 간디를 흠모했던 미국인의 양심 마틴 루터 킹 목사, 두 사람 모두 비폭력 평화주의를 통해서 사회의 변혁을 이루고자 했다는 공통점이 있습니다.

그런데, 평화의 상징으로 불리는 두 사람 모두 '역사인식'을 강조했다는 점에서 눈여겨 볼 필요가 있습니다. 킹 목사가 미국의 공교육을 향해서 던진 '흑인역사교육'의 문제점 지적은 오늘날 한국사회에도 시사하는 바가 큽니다.

몇 달 뒤 아내와 나는 '미국을 위대하게 만든 음악'이라는 행사에 초대되었다. 우리는 그 행사의 마지막 곡은 미국 음악의 원형인 흑인영가일 것이라고 확신했다. 하지만 그것은 착각이었다. 우리 아이들을 포함한 학생들이 딕시(Dixie, 미국 남북 전쟁 때 남부동맹군 노래)를 부르는 것으로 행사는 막을 내렸다. 아내와 나는 자리에서 일어나면서 격분과 충격이 혼합된 감정으로 서로를 바라보았다.

흑인이건 백인이건 그날 밤 참석한 모든 학생들과 부모들, 그리고 교직원들은 흑인들을 무시하고, 흑인들을 부각시키지 않고, 흑인의 공적을 하찮은 것으로 만들려는 사고방식의 희생양이 되고 말았다.

- 클레이본 카슨, 이순희 옮김,
바다출판사, 〈마틴루터 킹, 나에게는 꿈이 있습니다〉 중에서 부처는 인도 사람이 아니라 네팔 사람입니다.

한국의 교과서에도 잘못 표기되어 네팔 사람들이 우리 외교부에 항의하는 일이 벌어졌었습니다.

깨달음에는 국경이 없지만, 깨달음을 전하는 사람에게는 엄연히 조국과 민족이 존재합니다. 누군가 성철 스님이 태국 사람이고 이순신 장군이 아프리카나 멕시코 사람이라고 한다면, 여러분은 그냥 넘어갈 수 있습니까?

역사는 이처럼 자기이해를 위한 기록이라는 측면에서 나라간의 소통에 있어서도 무척 중요한 문제입니다.

"인도의 것이 영국의 것보다 못하다 할지라도 인도의 역사와 문화를 인도의 아이들에게 먼저 가르쳐야 한다."고 주장했던 간디의 역사의식 또한 평화와 소통에 관심을 가진 사람들이라면 반드시 귀담아 들어야 할 내용입니다.

민족교육을 실시하지 않는다면 우리의 모든 노력이 헛수고가 될 것이다.

오늘 혹은 미래의 언젠가 우리나라가 독립을 하게 된다 하더라도, 민족 교육 없이는 독립도 오래 갈 수 없다는 사실을 반드시 기억해야만 한다.

(중략)

나는 사방이 벽으로 막혀 있고 창문이 꼭꼭 닫혀 있는 집에서 살고
싶지 않다.

나는 모든 나라의 다양한 문화의 바람이 가능한 한 자유롭게 내 집
에 불어오기를 바라고 있다.

그러나 그 바람에 내 집의 뿌리가 뽑히는 것을 원하지는 않는다.

나는 집을 잃고 거지나 노예처럼 살고 싶지도 않고, 남의 집에 빌
붙어 사는 것도 싫다.

— 간디, 고병헌 옮김, 〈나의 교육철학〉 중에서

이러한 정신을 우리 민족의 입장에서 가장 잘 나타내는 글은 백범
김구 선생님의 '내가 원하는 우리나라' 가 아닌가 합니다.

내가 원하는 우리나라

나는 우리나라가 세계에서 가장 아름다운 나라가 되기를 원한다.

가장 부강한 나라가 되기를 원하는 것은 아니다.

내가 남의 침략을 받아 가슴 아팠으니,

내 나라가 남을 침략하는 것을 바라지 않는다.

나는 우리나라가 이러한 높고 새로운
문화의 근원이 되고 모범이 되기를 원한다.

그래서 진정한 세계의 평화가
우리나라에서, 우리나라로 말미암아 세계에 실현되기를 원한다.

'弘益人間'이라는 우리 국조 단군의 이상이 이것이라 믿는다.

– 김구, 〈백범일지〉 중에서

적어도 자식교육에 관심 있는 부모라면 대한민국 교육기본법의 내
용이 홍익인간 정신에 기초한다는 정도는 알고 있어야 할 것 같아
서 전문을 소개합니다.

대한민국 교육기본법 [일부 개정 2008.3.21 법률 제8915호]
제2조 (교육이념)
교육은 홍익인간(弘益人間)의 이념 아래 모든 국민으로 하여금 인격
을 도야하고 자주적 생활능력과 민주시민으로서 필요한 자질을 갖

추게 함으로써 인간다운 삶을 영위하게 하고 민주국가의 발전과 인류공영(人類共榮)의 이상을 실현하는 데에 이바지 하게 함을 목적으로 한다.

그리고 다음은 초대 문교부 장관을 비롯한 당시의 관계자들이 교육기본법을 제정함에 있어서 홍익인간(弘益人間) 이념을 교육이념으로 채택한 배경입니다.

'홍익인간'은 우리나라의 건국이념이기는 하나 결코 편협하고 고루한 민족주의 이념의 표현이 아니라 '인류공영'이란 뜻으로 민주주의의 기본 정신에 부합하는 이념이다.
'홍익인간'은 우리 민족정신의 정수이며, 일면 기독교의 박애정신, 유교의 인(仁), 그리고 불교의 자비심과도 상통하는 전 인류의 이상이기 때문이다.

— 해방이후 '대한민국 교육법' 제정과 관련된 〈문교개관〉 중에서

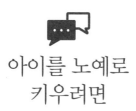

아이를 노예로
키우려면

어느 날 한이가 제게

"아빠, 사람은 왜 사는 거예요?"

"아빠, 나는 누구예요?"

라고 물어 보았습니다. 저는 무척 기뻤습니다.

한이가 이런 질문을 아빠에게 해주기를

얼마나 기다렸는지 모릅니다.

내가 누구인지, 내가 왜 사는지, 내가 이 일을 왜 하는지……

그냥 죽지 못해 사는 게 인생이고,

그냥 다 먹고 살자고 하는 짓이

직업일 순 없다고 생각하기 때문입니다.

노예들은 존재에 대한 질문을 하지 않습니다.

노예들은 소유에 관한 질문만 합니다.

더 많은 물질, 더 많은 점수, 더 높은 자리,

더 든든한 배경을 소유하고 싶어서,

오직 그것들을 가지기 위해서만 질문을 합니다.

그렇게 살다가 정작 자신의 삶은 소유하지 못한 채,

두려움에 떨며 후회하는 가운데 삶을 마감합니다.

자신의 삶을 진정으로 소유하는 사람들의 삶은,

소유에 관한 질문보다 존재에 관한 질문으로 먼저 채워집니다.

인생의 본질은 소유가 아닌 존재이기 때문입니다.

소유는 존재를 위한 수단이 되어야 하기 때문입니다.

더 많이 소유하기 위해서 던지는 질문이 아닌,

정보에 대한 갈증과 무지에 대한 두려움으로 던지는 질문이 아닌,

네이버도 구글도 WHY 책도 해결해 주지 못하는 그런 질문!

인생에서 가장 소중한 질문,

오직 자신만이 묻고 답해야 하는 질문,

절대 놓치지 말아야 하는 질문!

그 질문을 놓치면 인생을 놓치는 질문,

진정으로 자신의 삶을 소유하기 위한 질문!

나를 스쳐가는 수많은 값싼 질문들 중의 하나가 아니라,

나를 스쳐가지 않고 본래부터 나의 내면에 존재하며

내가 해주기를 간절히 열망해 왔던 바로 그 질문!

가장 소중한 질문을 알지 못하면,

가장 소중한 답을 들어도 답인지 알아차리지 못합니다.

그래서 가장 소중한 질문을 던질 수 있는 아이는

가장 소중한 답을 알아차릴 수 있습니다.

그래서 자녀가 잘못된 것이 아니라 부모가 잘못된 것입니다.

그래서 답이 잘못된 것이 아니라 질문이 잘못된 것입니다.

문제에 답이 있다고 시험점수 따야 할 때만 가르치지 말고,

인간으로 하여금 자기 삶의 진정한 주인이 되는 법은

내면의 질문에 있다고 가르쳤으면 좋겠습니다.

내가 누구인지, 내가 왜 사는지, 내가 이 공부를 왜 하는지……

1등하기 위한 질문이 아니라,

삶의 존재방식에 관한 질문들을 먼저 가르치고 싶습니다.

질문이 정확하면 답도 정확하기 때문입니다.

우리 애가
사춘기 반항해요

학부모 상담에서 학업성적에 관련된 상담 다음으로 많은 상담이 "우리 애가 사춘기인데 말을 너무 안 들어요. 이건 아주 그냥 제멋대로예요."라는 말로 시작되는 사춘기 '반항'과 관련된 상담입니다. 그런데 여기에는 공통적인 시각이 존재합니다.

자식은 부모가 하는 말을 당연히 들어야만 한다!
나는 변하지 않겠지만, 너는 부모 말을 잘 듣는 자식으로 변해 주었으면 한다.

아이가 태어나면 아이는 유아기와 유치원, 초등학교를 거치면서 부모가 제공하는 물질적인 수단(돈)과 물리적인 힘에 의존해서 삶을 살아가게 됩니다. 이 시기에 아이는 좋든 싫든 부모의 요구를 100% 수용할 수밖에 없는 위치에서 살아야만 합니다.

그래서 부모가 자신을 하나의 온전한 인격체로 대해 주지 않아도 힘이 없으니 참아야만 합니다. 인간이 스스로 선택하는 과정에서 느끼는 창조, 성장, 완성, 연결과 하나됨의 욕구를 부모가 모두 빼앗아 버려도 고스란히 참아야만 합니다. 아직 힘이 없기 때문입니다.

"너 이거 정리 안 해 놓으면 알지?"

"너 엄마 말 안 들으면 이번 달 용돈 없다."

"너 성적 몇 등 올리면 이번에 ○○ 사주마."

"걔보다 네가 훨씬 나아, 걱정 마!"

"네 인생에서 제일 중요한 건 엄마아빠가 제일 잘 알아."

"넌 그냥 시키는 대로만 하면 돼!"

아이의 영혼은 점차 힘을 기다립니다.

아이가 숨 쉬려 하면 할수록 부모는 통제할 수 없는 상황에 대한 두려움을 분노로 표현하며 아이를 더 강하게 내리누릅니다. 하지만 물을 너무 많이 가두어 두면 언젠가 댐이 무너집니다. 그리고 무너지는 댐의 물줄기는 방향 조절이 힘듭니다.

그리고 무엇보다 물을 너무 오래 가두어 두면 고인물이 썩듯이 아이들의 내면 에너지는 건강하지 못한 약물중독, 게임중독, 흡연 등의 에너지 파장들과 주파수를 맞추려 합니다.

깨닫지 못한 부모들은 이 때 문제의 원인을 아이들에게 돌리며 이렇게 말합니다.

"우리 애가 '반항'해요, 사춘기 '반항'이에요."

부모의 고정관념, 부모의 관계정보, 부모의 습관 에너지를 물려받기를 거부하며 몸부림치는 아이들에게 어른들이 들이대는 잣대는 '반항'입니다.

하지만 가장 무서운 것은 사춘기 반항도 없이 부모의 일방적인 요구를 수용하며 소위 '모범생'으로 자란 아이들이 중년이 되는 순간 밀려오는 우울증입니다. 청소년기에 다른 아이들이 사고치고 반항하더라도 '열심히 공부하고 좋은 대학가면 행복할 거야!'라는 말을 철석같이 믿고, 부모와 교사가 원하는 삶에 충실했던 삶이 한순간에 무너지는 순간이 중년 이후에 도래하는 것입니다.

그리고 본인이 중년이 되는 순간 자신을 길러준 부모는 노년을 맞이합니다. 노년을 맞이한 부모는 이때 돈마저 떨어진 상태입니다. 저는 이 땅의 부모들이 자식들로부터 버림받을 가능성이 점점 높아진다는 예측들을 변화시키고 싶습니다. 그리고 그 예측이 제발

틀리기를 바랍니다.

가정의 문제를 극복하는 선택은 부모로서는 인정하기 힘들겠지만 부모의 몫이 제일 큽니다.

아이를 움직이게 만드는 동기부여가 물리적인 처벌과 물질적인 보상이 되기보다는 내면의 동기부여가 되어야 합니다. 그래서 부모부터 영혼의 삶을 선택해야 하고, 자신의 내면으로부터 동기부여가 되는 삶을 살아야 합니다.

나에게 없는 것을 아이에게 전해줄 수는 없기 때문입니다.

그래서 부모가 먼저 깨달아야 합니다.

우리 애가
정상이 아니에요

상담을 하다 보면 많은 부모들이 자녀의 행동 중에서 '정상'이 아닌 부분을 바로잡을 수 있는 소통 방법을 물어보시는 경우가 많습니다. 그런데 부모가 '정상'이라고 믿는 기준이 다른 가정의 아이들과의 비교로부터 비롯되거나 자신의 경험에 입각한 고정관념인 경우가 많아서 걱정스러운 경우가 많습니다.

중학생이거나 초등학생인 아이가 방학 때 학원 갈 시간이 다 되어 가는데도 잠자리에서 일어나질 않아서 '우리 아이가 문제'라고 하는 경우가 종종 있습니다. 이럴 경우에는 부모님께 되묻게 됩니다.

"방학 때 학원 가기로 한 것은 누구의 의사였습니까?"

십중팔구 부모가 일방적으로 학원수업을 등록하게 해서 아이에게 가라고 한 경우가 많습니다. 쉽게 말하면, 학원에 가기 싫다고 하는 아이에게 좀 더 세련되게 등 떠미는 방법을 알려달라는 겁니다. 반대로 자녀의 행동 중에서 '자연스럽지 못한 행동'을 착하거나 정상이라고 생각하는 경우입니다. 가령 부모의 '명령'에 대해서 절대 싫은 내색하지 않거나 몸이 아무리 아파도 아프다는 내색을 하지 않고 공부만 하는 아이를 자랑하는 부모입니다.

- 우리 애는 공부밖에 몰라요.
- 우리 애는 친구보다 책이 더 좋은가 봐요.
- 우리 애는 얼마나 착한지 제가 뭐라고 하면 말대꾸 한 번 안 해요.

제가 보기엔 아이가 정상이 아닌 것 같습니다.

- 우리 애가 너무 제멋대로에요.
- 우리 애는 자기밖에 몰라요.
- 우리 애는 공부라곤 관심이 없고 노는 것 밖에 몰라요.
- 우리 애는 너무 산만해서 집중력이 떨어져요.
- 우리 애가 저러다가 사람 구실이나 제대로 할지 모르겠어요.
- 우리 애는 너무 소심해요.
- 우리 애는 제대로 할 줄 아는 게 없어요.

제가 보기엔 아이가 비범한 것인지도 모릅니다.

부모의 기억과 부모의 경험으로 아이를 함부로 판단할 순 없기 때문입니다.

부모의 경험과 지시대로 아이가 살기를 바라는 것은 아이가 자신의 삶이 아니라 부모의 기억을 살도록 강요하는 것일 수 있기 때문입니다.

자신감의 본질

S대를 졸업하면 행복할 줄 알았는데,

다국적 기업에 취직했더니 자기 부서에 온통

스탠퍼드, 하버드, 예일 등 아이비리그 출신들이 많아서

빛의 속도로 우울해졌다는 이야기를 들은 적이 있습니다.

어차피 해야 하는 직장 생활, 신나고 즐겁게 해야 하는데

자신감의 원천이 자기 자신이 아니었기 때문에 우울합니다.

자신이 규정해 놓은 '자신보다 못한 인간'이라는

그 틀 안에 들어가는 사람들이

주변에 없으니 당연히 기가 죽습니다.

비교를 통해서 행복했는데, 비교하는 대상마다

온통 나보다 낫다는 생각이 머릿속에 가득 차 있는데

어떻게 기가 살고 행복하겠습니까?

다른 사람의 열등감에 기초한 우월감을

자신감의 본질이라고 착각하며 살았던 것입니다.

자신감의 본질은 자기가 자신을 믿는 것입니다.

초등학생도 알만큼 이 쉬운 것을 실천하기 힘든 이유는

우리가 물들어 있기 때문인지도 모릅니다.

가끔 '대한민국은 비교공화국이며,

모든 권력은 비교로부터 나온다.'는 생각이 듭니다.

일을 잘 하기 위해서는 비교하고 분석하는 능력이 반드시

필요하지만,

비교주의로 변해버린 우리들의 일상으로 인해

우리들의 행복마저 남들과의 비교에 맡기고,

아이들의 가슴을 비교로 내리누르는 건 아닌지 고민하게 됩니다.

아버지와 술 담배

우리 아버지는 희한한 분입니다. 담배공장 35년을 근속하신 모범 사원이셨는데, 담배공장 다니시면서 담배를 끊으셨습니다.

그것도 담배포장기계 반장이셨으니 마음만 먹으면 담배를 얼마든지 공짜로 피울 수 있는 자리였습니다. 그런데 그런 자리에서 담배를 끊으셨으니 술 공장에 다니는 사람이 술을 끊은 거나 마찬가지였습니다.

어느 날 아버지께 여쭤 보았습니다.

"아버지, 담배 어떻게 끊으신 거예요?"

"그냥."

"에이, 그냥이 어디 있어요. 자꾸 생각날 텐데······."

"그냥 자꾸 일하면 되지, 담배 생각날 틈을 주지 말고 계속 일하면 되지."

"그게 말이 쉽지, 어떻게 돼요."

"안 되긴 뭐가 안 돼? 그게 더 쉽지, 안 피우려고 가만히 있으면 담배 생각 더 나지, 그 시간에 일 만들어서 하면 담배 생각 안 나거든, 그게 더 쉽지."

"그런가?"

아버지는 일 자체가 명상인 분입니다. 일할 때는 아무 생각 없이 일만 하시기 때문입니다.

어느 날 습관과 뇌신경 생리학에 관해서 공부하다가, 습관 변화의 지름길이 안 하려고 참는 것보다 내가 원하는 것과 새로운 것에 집중하는 것이 더 효과적이라는 사실을 알고 나서 아버지가 새롭게 보였습니다.

"근데 아버지, 술은 왜 안 드세요?"

"마시고 나면 힘들어서 안 마셔."

"그래도 한 잔 마시면 기분 좋잖아요."

"마실 때 기분 좋다고 계속 마시면 다음날 몸이 힘들잖아, 그래서 안 마시지."

"술 생각 안 나세요?"

"좋다고 다 마시면 어떡해? 다음날 일을 해야지, 사람은 일이 있어야 사는 거야. 할 일이 있다는 게 얼마나 복인데? 누가 불러줄 때 열심히 일해야지."

"그런가?"

어느 날 알코올중독과 아세트알데히드 등의 부작용에 관해서 공부하고 칙센트 미하이 교수의 몰입과 학습동기 등에 관해서 공부하다가, 일 그 자체를 즐기는 사람이 건강하다는 연구를 읽고서 아버지가 새롭게 보였습니다.

어느 날인가는 제게 욕심 부리지 말고 살라면서 이렇게 말씀하셨습니다.

"야, 건강이 제일이다. 돈 많이 벌려고 너무 욕심 부리지 마라. 많이 벌어 봐야 사기그릇에 밥 먹거나 스테인리스 그릇에 밥 먹는 차이지, 밥상 위에 반찬 가짓수 몇 개 더 먹고 덜 먹고 그 차이뿐이야. 너무 욕심 부리지 말고 건강 생각하면서 여유 갖고 살아. 아픈데 없이 건강하게 사는 게 제일이다. 죽을 때 십 원짜리 하나 못 갖고 간다."

"그런가?"

깊은 호흡과 명상을 하던 어느 날, 죽을 때 밥숟가락 하나 팬티 한

장 가져갈 수 없다는 무소유의 처절함이 밀려왔을 때 아버지의 그 말씀이 갑자기 떠올랐습니다.

아버지 이야기는 들을 때는 '그런가?' 싶기도 하고 긴가민가합니다. 그런데 삶 속에서 몸소 실천해서 보여 주시니, 웬만한 교수나 박사들보다 믿음이 가는 것도 사실입니다.

체질상 술 한 잔만 드셔도 얼굴이 붉게 물드시지만, 제가 중학교 다닐 때만 해도 한 잔씩 드시고 노래 한 자락씩 뽑는 아버지 모습을 심심찮게 보곤 했었습니다.

팔순을 바라보는 지금은 커피랑 사탕을 좋아하셔서 치아가 안 좋아지셨지만, 아파트 경비를 하시는 요즘도 여전히 부지런하십니다. 이제는 좀 쉬실 만도 하건만, 한시도 쉬는 법이 없으십니다.

어느새 중년이 된 제가 담배를 끊고 술을 절제하며 건강한 습관을 만들 수 있었던 데에는 아버지의 영향이 컸습니다. 아버지가 할 수 있었으니 나도 할 수 있다는 믿음이 제 마음 한 구석을 떠나지 않았기 때문입니다.

어떤 부모도 자식의 중년 이후의 삶까지 책임지긴 힘듭니다. 중년이 지나서 인간의 행복을 결정짓는 가장 중요한 요인은 재산이 아니라 생활습관입니다.

자식이 행복하기를 바란다면, 자식에게 건강한 습관을 물려주시기 바랍니다. 재산 상속에는 무지막지한 상속세가 붙지만, 습관의 상속에는 세금이 단 한 푼도 붙지 않습니다.

가장 행복한 상속은 재산의 상속의 아니라 건강한 습관의 상속입니다.

담배와 술이
간절할 땐

화가 나면 담배 한 대 생각이 간절해집니다.

허전함이 밀려오면 술 한 잔 생각이 간절해집니다.

담배를 한 대 빨고 싶다는 건, 내 부족함을 연기로

채우려는 습관입니다.

담배를 피운다고 해서 내가 부족한 사람이라는 생각이

사라지진 않습니다.

나는 본래 부족하지 않기 때문입니다.

술을 한 잔 마시고 싶다는 건, 내 허전함을 알코올로

채우려는 습관입니다.

술을 마신다고 해서 내 허전함과 외로움이 사라지지는 않습니다.

인간은 본래 고독한 존재이기 때문입니다.

담배 대신 숨을 깊게 들이마시며 온몸을 충만하게 만듭니다.

술 대신 숨을 길게 내쉬며 마음을 풍요롭게 만듭니다.

그래도 도저히 못 참겠으면 피웁니다.

그래도 도저히 못 참겠으면 마십니다.

그리고 다음날부터 더 소중한 다른 일에 집중하며 또 참아 봅니다.

한 번 무너졌다고 포기하지 말고 계속 시도합니다.

한 번 무너졌을 때 옆에서,

"또 시작이냐?" 라고 빈정거려도 또 시작합니다.

나는 소중하기 때문입니다.

내가 이루어야 할 내 꿈이 소중하기 때문입니다.

TV를 만드시는
분들께

TV를 버리고 나서 우리 집에는 본격적인 소통이 시작되었습니다.

연예인의 얼굴 대신 가족의 얼굴을 보게 되었고,

연예인의 이야기 대신 가족의 이야기에 귀 기울이게 되었고,

드라마 줄거리를 이야기하는 대신

가족의 행복에 관한 이야기를 나누게 되었습니다.

돌아보니 TV가 우리 가족의 소통을 가로막는 큰 장벽이었습니다.

그래서 TV를 만드시는 분들께 부탁드립니다.

TV에 타이머 기능을 설치해 주세요.

가족이 소통하기로 약속한 시간에는 TV가 저절로 꺼지도록

만들어 주세요.

가족이 약속한 시청타임을 초과하면 TV가 저절로
꺼지도록 만들어 주세요.

TV 시청을 좋아하는 다른 분들과 TV를 만드시는 분들과
TV 프로그램을 만드시는 분들, 그리고 저희 가족이
모두 함께 행복할 수 있는 방법을 찾다 보니 드는 생각이었습니다.

좋은 TV란,
결국 가족들이 서로의 이야기에 귀를 기울이도록
도움을 주어야 한다고 생각하기 때문입니다.

사랑과 무관심의
차이

사랑은 "속상하고 고민되겠다."라고 말하지만,

무관심은 "에이, 뭐 그런 걸로 싸우고 고민하고 그러냐?"라고

말합니다.

존중은 스스로 해결할 때까지 지켜보다가 해결한 이후에

축하의 박수를 보내지만,

무관심은 마음 내킬 때만 상관하다가 힘들게 해냈을 때는

주변에 없습니다.

배려는 행동하기 전에 부모와 아이의 소통이 있고,

간섭은 행동하고 나서 부모와 아이가 서로의 눈치를 봅니다.

이해는 부모의 이치와 자녀의 이치가 모두 담기지만,
억지는 "이거잖아? 저거라고 했잖아? 그렇다니까?"라는 말이
앞섭니다.

당당함은 "내가 먼저 담배 끊고 술 안 마시고 TV 안 볼 테니
너도 운동하고 공부해라."라고 말하지만,
독재는 "내가 네 나이 때는 삼시세끼 밥 먹고 학교 다니는 것만
해도 감사했다."라고 말하며, 손에서 TV 리모컨과 술잔과
담배를 놓지 못하는 것입니다.

그래서 아빠가 "내가 발가락으로 풀어도 너보다 잘하겠다."라고
말하는 순간,
아이들은 "내가 발가락으로 가르쳐도 아빠보다
잘 가르치겠다."라고 생각합니다.

당신이 "내가 다시 학교 다녀도 너보다 잘하겠다."라고
말하는 순간,
아이들은 "내가 커서 회사 다니면 절대 아빠처럼
살지 말아야지."라고 생각합니다.

자율 속에 자란 아이가 어른이 되면

"이젠 부모님 하시고 싶은 일 하세요."라고 말하며 부모를

응원하지만,

방치 속에 자란 아이가 어른이 되면

"내가 필요할 때 언제 내 곁에 계셨어요?"라고 말하며 부모를

외면합니다.

착각하진 않으시는지요?

당신이 사랑이라고 생각하는 것들이,

당신이 존중이라고 말하는 것들이,

당신이 이해라고 내미는 손길들이,

당신이 배려라고 행동하는 것들이,

그리고 당신이 자율과 당당함이라고 주장하는 것들이

사실은 무관심, 간섭, 억지, 독재, 방치일 수도 있습니다.

그래서 자녀에게 솔직하게 물어보셔야 합니다.

나는 사랑이고, 존중이고, 배려고, 이해라고 생각하는데

너도 그렇게 받아들이는지를…….

짬뽕공주와
짜장왕자

한이가 매일 밤 이불 속에서 아빠에게 착 달라붙어 재미있는 이야기를 해달라고 조릅니다. 그런데 이야기 조건이 꽤 까다롭습니다. 무서우면서도 재미있거나 슬프면서도 웃겨야 합니다. 재미없으면 불합격입니다. 불합격이면 합격할 때까지 이야기를 계속 해주어야 합니다. 밤마다 이야기를 지어내는 것이 쉽진 않지만, 그래도 제가 선택한 아빠의 일입니다.

오늘밤에는 한이에게 슬프면서도 웃기고, 나중에는 행복해지는 이야기를 준비했습니다.

옛날 옛날 한 옛날 짬뽕공주와 짜장왕자가 살았어요.

둘은 서로를 사랑했지만, 너무 슬펐어요.

둘은 밤에 만나면 칠흑 같은 어둠에 묻혀 새카만 짜장왕자의 멋진 모습을 볼 수 없었고, 낮에 만나면 이글이글 붉게 타오르는 태양빛으로 붉은 짬뽕공주의 아름다운 모습을 볼 수 없었답니다.

고민하다 못해 둘은 비 오는 날 낮에 만나기로 하고, 비 오는 날을 학수고대하며 기다렸어요.

그러던 어느 날, 기다리던 비가 내리자 둘은 약속한 장소에서 만났지만 예상치 못한 슬픔이 둘을 기다리고 있었어요.

내리는 빗물에 아 그만! 짬뽕공주와 짜장왕자의 몸에 물이 섞여 국물이 싱거워져 둘은 서로의 향기를 느낄 수 없었답니다. 새하얀 면발 속살이 맑은 맹물에 다 드러나 생얼 생몸뚱이으로는 돌아다닐 수가 없어, 둘은 헤어져야만 했답니다.

둘을 하느님께 열심히 기도를 했어요.

"우리 다음 생에는 서로 뜨겁게 사랑하게 해주세요." 라고 말이죠.

둘을 다음 생에 밀가루반죽과 소시지로 태어났어요.

그래서 둘은 착 달라붙은 채로 소시지를 감싼 밀가루반죽이 되어, 핫도그로 뜨겁게 튀겨졌답니다.

둘의 소원은 마침내 이루어졌어요. 비록 짧은 순간일지언정 서로 하나가 되어 사랑을 이루었답니다.

끝!

"아빠, 오늘 합격!"

아빠 노릇, 쉽지 않습니다.

4부

겨울

탓 드라마와
희망

대통령 탓, 여당 탓, 야당 탓, 미국 탓, 중국 탓, 일본 탓, 북한 탓, 물가 탓, 회사 탓, 사장 탓, 팀장 탓, 팀원 탓, 남자 탓, 여자 탓, 부모 탓, 장인 탓, 장모 탓, 시어머니 탓, 며느리 탓, 마누라 탓, 남편 탓, 자식 탓, 대한민국 교육정책 탓, 학군 탓, 학교 탓, 내신 탓, 교육감 탓, 교장 탓, 담임 탓, 학부모 탓, 아이 탓, 탓, 탓 …….

참 많기도 많습니다.

맞습니다, 잘못된 제도는 분명히 고쳐져야 합니다.

그리고 너무 짜증나고 힘들 땐, 솔직히 좀 씹고 나면 속이 개운하긴 합니다.

무엇보다 씹고 나서 "알고 보면 그 사람도 좋은 사람인데……."
라고 제자리에 갖다 놓으시면 어떨까 싶습니다.
씹고 나서 안 갖다 놓고 그 사람을 면전에서 다시 보면,
참 거시기 합니다.
저도 탓 드라마 만들기 선수였답니다. 요즘도 가끔 만듭니다.

하지만 어둠을 탓하는 것은 어둠에 또 다른 어둠을
더하는 것일 수 있습니다.
내 주변의 어둠은 내가 환해지면 저절로 사라진다는 것과
내가 환해지는 만큼 내 주변의 어둠이 더 멀리 사라지고,
잘못된 제도를 개선하기 위한 진정한 실천의 힘이 생긴다는 것을,
나도 모르게 외면하고 살았다는 것을 깨닫게 되었습니다.

참, 그건 그렇고 담배는 언제 끊으실 건가요?
그리고 오늘도 한 잔 하시고 늦게 가실 건가요?
오늘도 자신의 성장을 위해서는 아무것도 안 하실 건가요?
점점 더 무거워지는 몸과 마음을 그냥 이대로 내버려 두실 건가요?

내가 변하지 않는 한 나를 둘러 싼 인간관계와 환경은 절대

변하지 않는다는 사실을 깨닫게 된 날이 있었습니다.

남편인 내가 변해야 아내가 변한다는 것을 알기에,

부모가 먼저 변해야 자식이 변한다는 것을 알기에,

딸에게 너무 미안해서, 가족에게 너무 미안해서,

변하지 않는 내 모습 앞에 밀려오는 절망감으로 너무 힘들어서

울었습니다.

스스로를 변화시키지 못하면서, 기업과 관공서를 돌아다니며

변화와 혁신을 떠들었던 시간들이 너무 부끄러워서 울었습니다.

제게 강의를 들었던 교육생들에게 너무 미안해서 울었습니다.

너무나 불러보고 싶은 희망의 노래가 있었기에,

스스로를 변화시켜본 사람만이 부르는

희망의 노래를 너무나 불러보고 싶었기에 울고 또 울었습니다.

스스로를 변화시켜본 부모만이 자녀의 변화를

확신으로 응원할 수 있기에 저는 변해야만 했습니다.

흐르는 눈물과 밀려오는 이 아픔이 내 자식세대에게만은

절대 대물림 되지 않기를 열망하고 열망하며 또 열망했습니다.

그리고 이 열망이 비단 나 한 사람만의 깨달음으로 끝나기에는

너무도 안타까워 아빠라는 이름으로 길을 나섰습니다.

저도 많이 부족하고 두렵지만, 이 길을 끝까지 걸어가려 합니다.

자식의 성장이 부모의 희망이기도 하지만,

부모의 변화가 자식에게 더 큰 희망이기 때문입니다.

부모의 변화를 통해 자식이 가지게 될 희망은

자식에게 가장 큰 선물이기 때문입니다.

대한민국 아빠들, 파이팅!

대한민국 엄마들, 파이팅!

대한민국 부모님들, 모두모두 파이팅!

그립다는 것은

소통교육을 하다 보면 가끔 교육 도중에 "돌아가신 우리 아버지가 그리워요."라거나 "돌아가신 우리 시어머님이 그리워지네요."라는 말을 하시는 분들이 계십니다.

그러면 제가 "혹시 아버지나 시어머님이 다시 살아나시면 함께 사실 거예요?"라고 여쭤보면, 대부분 "아뇨."라고 대답하십니다.

저는 누군가가 그립다는 것과 함께 지내고 싶은 것은 엄연히 다르다는 것을 교육생들로부터 배웠습니다. 소통교육을 하다 보면 개인 상담을 많이 하게 되는데, 상처가 되는 경우의 대부분이 자신과 가장 가까운 사람과 관련되어 있습니다.

그중 가장 대표적인 경우가 부모와 교사로부터 받은 상처입니다.

결혼해서 배우자끼리 주고받는 상처는 대부분 성장기에 부모나 교사로부터 받은 상처들이 치유되지 않은 채로 결혼생활에서 반복되는 경우가 대부분이기 때문입니다.

공부를 못한다는 이유로, 딸로 태어났다는 이유로, 장남이나 장녀라는 이유로, 막내라는 이유로, 키가 작거나 뚱뚱하다는 이유로, 말을 잘 듣지 않는다는 이유로…….

셀 수도 없을 만큼 많은 비교와 고정관념을, 부모와 교사라는 이유로 자녀에게 강요한 경우가 많았습니다.

창밖을 보니 내리던 눈이 그치고 좀 있으면 한 해가 모두 저물어 갑니다.

다가오는 새해에는 그리운 사람도 좋지만, 함께 지내고 싶은 사람이 되고 싶습니다.

내 상처의 뿌리를
보던 날

어느 날 내 안의 수많은 상처와 상처의 뿌리를 보게 되었습니다.

내 상처와 상처의 뿌리를 보면서,

다른 사람들의 상처들과 뿌리도 함께 보이기 시작했습니다.

내가 보이는 만큼 상대가 보인다는 말은 사실이었습니다.

너는 왜 그렇게 칠칠 맞냐?

너는 왜 그렇게 말귀를 못 알아 듣냐?

너 진짜 혼나볼래?

너 진짜 죽고 싶냐?

제대로 못하면 알지?

내가 널 뭘 보고 믿냐?

커서 뭐가 되려고 그러냐?

널 보면 불안해 죽겠다.

야, 너도 할 줄 아는 게 있냐?

네 주제에 뭘 한다고 그러냐?

네가 하는 일이 다 그렇지

맞을 짓 했으면 맞아야지.

네가 책임져야지.

넌 꼭 해낼 거야.

넌 꼭 해내야만 해.

넌 꼭 1등 할 거야.

엄마(아빠)가 다 해줄게.

넌 그냥 열심히 공부만 하면 돼.

네 인생에 가장 필요한 건 엄마(아빠)가 제일 잘 알아.

그래, 네가 하자는 대로 할게.

내가 왜 걱정하고, 내가 왜 불안한지

내가 왜 화를 내고, 내가 왜 우울한지

수많은 감정과 수많은 생각들 속에 상처로 존재하는

진정한 내가 아닌 '부족한 나, 외로운 나, 약한 나'를 보았습니다.

살아가면서 언젠가는 알게 됩니다.

사실은 가해자는 없다는 사실을,

서로가 서로를 상처 주며 살아온

모두가 피해자라는 사실을…….

그리고 언젠가는 더 깊이 알게 됩니다.

피해자는 없다는 사실을,

가해자로부터 상처받은 피해자라는 생각을,

내가 붙잡고 있었다는 사실을…….

마침내 언젠가는 모두 알게 됩니다.

서로가 서로를 온전한 사랑으로 인식할 때에만

온전한 치유가 일어난다는 사실을.

우리 자신을 이 상처들로부터 온전하게 치유할 수 있는 선택은
지금 이 순간, 바로 여기, 오직 나 자신만이 할 수 있다는
사실을……

아빠가 제일
사랑하는 사람은

"아빠, 한이가 세상에서 제일 사랑하는 사람이 누구인 줄 알아요?"

"글쎄"

"아빠랑 엄마에요, 근데 아빠는 세상에서 누구를 제일 사랑해요?

한이죠?"

"아뇨"

"그럼 누구에요?"

"아빠는 아빠 자신을 제일 사랑해요."

"그럼, 한이는 몇 번째에요?"

"글쎄요, 아빠는 아빠 자신을 사랑하듯이 한이를

사랑하려고 노력하거든요, 아빠는 한이가 한이 자신을

제일 먼저 사랑했음 하거든요."

자신을 사랑하지 않는 사람의 봉사정신은 서운함에
물들기 십상입니다.
자신을 사랑하지 않는 사람의 헌신에는 섭섭함이
찾아올지도 모릅니다.
자신을 사랑하지 않는 사람의 희생정신에는 뒤끝이
기다릴지도 모릅니다.

"나는 너한테 바라는 게 없다, 네가 행복하면 그만이다."
"나는 널 위하는 것이 고생이란 생각을 해본 적이 없다."
"나는 너를 며느리가 아니라 딸이라고 생각한다."
 라고 하시던 부모님이

"내가 너를 어떻게 키웠는데..."
"내가 너한테 투자한 게 얼만데..."
"내가 시집와서 너처럼 마음대로 살진 않았다."
라는 부모로 돌변할 수도 있습니다.

자식이 내 한풀이를 해줬으면 하는 부모보다
나를 먼저 사랑해서, 내가 너무 좋아서

나를 사랑하는 그 마음이 흘러 넘쳐서

돌아올 대가 없이 상대방에게 흘러갈 수 있다면

상대를 사랑하는 것과 나를 사랑하는 것이 하나가 되는

부모와 자식 사이의 사랑입니다.

한이와 아빠의 대화는 알 듯 모를 듯 오늘 밤에도 계속됩니다.

부모의 깨달음

한이가 4살 때

"5살만 되어 봐라, 얼마나 힘들게 하는지 아니?"

한이가 5살 때

"한이가 6살만 되어 봐라, 얼마나 말 안 듣는지 아니?"

한이가 6살 때

"한이가 유치원만 들어가 봐라, 부모 마음대로 될 것 같니?"

한이가 7살 때

"한이가 학교만 들어가 봐라. 네 마음대로 될 것 같니?"

한이가 8살 때

"한이가 4학년만 되어 봐라. 네 말을 들을 것 같니?"

왜 우리 아이가 내 마음대로 다 되어야 하나요?

왜 우리 아이가 내 말을 다 들어야 하나요?

아이가 부모의 마음과 부모의 말대로만 살기를 바라는 것은

아이가 자신의 삶이 아니라

부모의 경험과 부모의 기억에 갇혀 살기를 바라는 것입니다.

당신이 말하는 부모의 마음,

당신이 말하는 부모의 말이 사실은

자녀를 찌르는 칼이 되고 상처가 되어

마침내 당신을 가장 힘들게 하는 족쇄가 될 수도 있답니다.

아이가 자신의 삶을 살도록 키우고 싶다면

아이가 부모 마음과 부모 말을 다 들어야 한다는

그 생각부터 내려놓아야 합니다.

그래서 부모가 자녀에게 주는 가장 아름다운 선물은
부모가 자신의 마음과 자신의 말을 돌아볼 줄 아는
부모의 '깨달음'입니다.

'깨달음'은 산 속에 홀로 앉아
속세를 등진 사람들만의 전유물이 아니라
더 나은 속세를 희망하는 부모님들과
우리 모두의 것이기 때문입니다.

한아,
죽을 때 아무것도 못 가져간단다

우리 아빠 같은 아빠를 만나서 너무 행복하다며 항상 웃던 한이가 아빠가 죽는 걸 생각하면 너무 슬프다며 아빠 품에 안겨 한참을 울었습니다.

한참을 울고 난 한이에게 죽음에 관한 이야기를 들려주었습니다.

"한아, 아빠는 인간이 만일 죽을 수 없다면 그것보다 더 괴로운 저주는 없다고 생각해요. 영원히 산다면 그게 행복일까? 한이는 어떻게 생각해요?"

"지루해서 하나도 재미없을 것 같아요."

"그것 보세요. 무조건 오래 사는 게 좋은 것만은 아니거든요. 아빠는 때가 되면 떠나는 게 행복이라고 생각해요. 주어진 시간이 있어야 열심히 살고 순간순간 행복을 느끼거든요. 안 죽는다고 생각하면 삶이 지루해서 미쳐버릴지도 몰라요."

"그래도 내가 아빠 엄마 없어도 될 때까지는 오래오래 살아 있어야
돼요. 알았죠?"

"아마 그럴 거예요."

다음 날 새벽 명상을 마치고 마음을 가다듬어 언젠가 한이가 읽을
편지를 적어봅니다.

그래, 한아! 아빠도 죽음을 피할 순 없단다.

그렇지만 아빠는 아빠 자신이 언젠가 반드시

죽는다는 사실을 뼈저리게 깨닫게 된 순간,

삶을 대하는 태도가 진실하고 순수해질 수밖에 없었단다.

대부분의 사람들은 이 당연한 진실을 회피하며

영원히 살 것처럼 어리석게 욕심을 부리다가,

죽을 때 후회한단다.

한아! 죽을 때 후회하기 싫으면 아빠가 하는 말 명심하여라.

죽을 때 십 원짜리 하나 못 가져간단다.

심지어 네가 입고 있는 그 팬티 한 장도 못 가져간단다.

그래서 소유가 삶의 목적이 되면,

죽음 앞에서 한없는 두려움에 떨며

땅을 치며 통곡하고 후회해도 소용없단다.

더 많이 가지는 것이 행복인양 떠들어대는

그들이 말하는 철드는 삶에 속지 마라.

그들이 말하는 철드는 삶이란,

철드는 게 아니라 길들여지는 삶이다.

길들지 말고 철들어라!

그래서 자유로운 영혼으로 살아야 한다!

마치 행복이 너를 위해 존재하는 것처럼

무조건 행복할 수 있단다.

무조건은 조건이 없다는 말이란다.

그래서 지금 이 순간 그냥 행복할 수 있는 거란다.

아빠가 하는 말 명심하여라.

죽을 때 아무것도 못 가져간단다.

팬티 한 장도…… 절대로…….

돈에 관한 지혜

한아!

행복과 꿈을 위해 어느 정도의 돈은 꼭 필요하단다.

그래서 돈을 아주 소중하게 다루어야 한단다.

하지만 네 수중의 액수만큼만 꿈을 꾸거나,

행복이 돈의 액수로 결정된다는 착각을 하진 말거라.

행복하고 즐겁게 할 수 있는 너의 일과 너의 꿈을 찾는 순간부터,

네가 필요한 만큼 돈은 벌 수 있단다.

하지만 악착같이 벌지는 마라.

악착은 집착인지라, 악착같이 번 사람은 집착하기 쉽다.

그래서 돈은 신나고 행복하게 버는 것이 제일이다.

그리고 무엇보다 너 자신과 세상에 도움 되는 일로 버는 것이
제일 좋다.

또한 돈이 너에게로 오거든 꼼꼼하게 챙기고,
영혼의 행복을 위해 필요한 일에는 집착하지 말고 돈을 놓아 주렴.
그러면 돈은 더 풍요로워진 모습으로 너에게 돌아온단다.

하지만 지금 이 순간,
네가 돈을 위해 존재하는지,
아니면 돈이 너를 위해 존재하는지,
항상 스스로를 돌아보아야만 한단다.
돈은 잘못 다루면 영혼이 피폐해질 수 있기 때문이란다.

그리고 네가 돈을 벌다가 깨닫게 되는 것이 있다면
아빠에게 알려주렴.
아빠도 아직 돈에 대해 모르는 것이 너무 많아서
너에게 배울 수 있단다.
아빠의 배움이 너의 가르침을 통해 더욱 충만해지길
바라기 때문이란다.

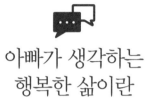

아빠가 생각하는
행복한 삶이란

아빠는 입이 원하는 음식과

몸이 원하는 음식과

영혼이 원하는 음식이 하나가 되고,

그것들을 맛있게 먹을 때가 행복하고 즐겁단다.

음식은 성품을 만드는 중요한 밑바탕이기 때문이란다.

아빠는 네가 멋진 옷을 입을 때도 예쁘지만,

건강한 몸으로 활짝 웃으며 신나게 놀 때의 네 모습이

가장 아름답단다.

신이 난다는 것은 신이 나와서 지금 이 순간

나와 함께한다는 것이기 때문이란다.

아빠는 네가 어떤 집에 사느냐보다

어떤 삶을 살다 가느냐가 더 중요하단다.

네가 남긴 삶의 궤적이 세상을 탁한 물로 만들기보다는

맑은 물로 만드는 정수기가 되기를 바라기 때문이란다.

아빠는 네가 몇 등을 했는지 몇 점을 받았나보다는

네가 친구들과 어떤 말을 나누었는지가 더 궁금하단다.

친구들과 나누는 말(마알)은 너의 마음에 깊이 뿌리 내리는

마음의 알맹이(마알)가 되기 때문이란다.

아빠는 네가 크게 꿈꾸고 높이 날아오르면 좋겠다.

하지만, 과거를 후회하며 미래에 뭔가가 이루어지기 전까지,

행복을 유보하는 부족한 사람이 되기를 원하지는 않는단다.

지금 이 순간 충만하고 감사한 너의 마음이

네 눈앞의 현실로 나타나는 것,

그것이 바로 에너지(기운)의 법칙이기 때문이란다.

아빠는 네가 우리 삶에 숨겨진 진실을 깨닫고,

그 깨달음이 녹아난 삶의 방식으로 존재하며,

그 존재 방식으로 삶을 즐기는 모습을 상상만 해도

기쁘고 행복하단다.

그리고 가장 중요한 것은, 너도 알다시피

아빠도 한 인간으로서 실수투성이에 너무나 부족하지만,

이 모든 것들을 아빠가 먼저 실천하기 위해

끊임없이 노력한다는 것이란다.

왜냐하면 이 모든 것들을 체험하는 기쁨을 통해서

너에게 행복의 에너지를 전달해 주는 것,

그것이 바로 아빠가 선택한 삶의 존재 방식이기 때문이란다.

우울증은 깨달음의
질병입니다

사람은 왜 태어나고 왜 사는가에 관심 없는 사람,

비교를 통한 타인의 열등감에 기반 한 우월감이

자신감이나 행복이라고 착각하는 사람,

단순히 먹고 사는 수단으로서만 직업을 선택하는 사람,

이런 사람에게 우울증은 언제 찾아올지 모르는 불청객입니다.

사람은 세상에 도움 되는 존재로 살아야 한다는 깨달음,

진정한 행복은 비교가 아니라 선택이라는 깨달음,

진정한 행복은 내가 선택했기에

내가 만들어가는 감정과 느낌이라는 깨달음,

내가 지금 하는 일이 남들과 더불어 잘 살기 위해서

내 가슴이 기쁜 삶을 위해서

내가 선택한 행위라는 깨달음을 가진 사람은

우울증 보다 더 큰 힘을 가진 사람입니다.

그래서 우울증으로 고민하는 분들께

가장 필요한 일은 자신과의 대화입니다.

그래서 가장 소중한 소통은 자신과의 소통입니다.

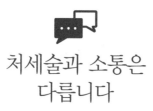

처세술과 소통은
다릅니다

소통교육을 하다보면 한 가지 상반되는 현상을 발견할 수 있습니다. 소통교육을 받을 필요가 없는 사람들일수록 소통 교육에 대해서 적극적인 태도를 보이는 반면, 소통교육을 반드시 받아야 하는 사람들일수록 소통교육에 대해서 소극적인 태도를 보이거나 심지어 소통교육을 거부한다는 점입니다. 과장된 이야기 같지만 소통교육을 경험한 사람이라면 누구나 공감하는 이야기입니다. 그런데 소통교육에 참여하시거나 상담을 의뢰하시는 많은 분들이 소통의 본질을 '상대방이 내가 의도하는 대로 움직이도록 만드는 기술'로 생각하시는 경우가 많습니다.

저는 개인적으로 '처세술'과 '소통'은 다르다고 생각하는 사람입니다.

진실한 소통의 시작은 상대방이 내가 원하는 대로 행동해주기를 바라는 그 마음을 내려놓는 것일 수 있기 때문입니다. 내가 상대방에게 무언가를 바라는 그 마음 안에 무엇이 자리하고 있는지 '당연'의 마음을 내려놓고 한 번 쯤 자신을 바라볼 수 있다면, 진실한 소통의 다리를 이미 건너갔다고 생각합니다.

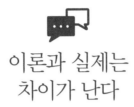

이론과 실제는
차이가 난다

어느 날 일본의 에모토 마사루 박사의 〈물은 답을 알고 있다〉라는 물 결정 실험 책을 읽고 '내가 직접 한번 해봐야겠다.'는 마음을 먹고 양파 실험을 시작했습니다. 유전자조작 수입양파는 실험이 잘 안 된다고 해서 국산양파 3개를 구입해서 컵에 각각 '사랑', '미움', '무관심'이라고 적어 놓고 50㎝ 정도씩 간격을 띄워서 실험을 시작했습니다.

매일 아침저녁으로 '사랑 양파'에게는 "사랑해, 고마워"라고 말해 주고, '미움 양파'에게는 "생긴 꼬락서니 하고는, 자라기만 하면 확 잘라서 라면에 넣어버린다!"라고 협박을 하면서, '무관심 양파'에게는 말 그대로 아무런 관심도 주지 않았습니다.

그런데 실험을 시작한 지 일주일이 지날 무렵부터 제가 생각했던 것과 실험 양상이 다르게 나타나게 시작했습니다. 미움 양파가 훨씬 잘 자라는 것이었습니다. 사랑 양파에게 사랑을 많이 주면 줄수록, 미움 양파에게 미움을 많이 주면 줄수록 미움 양파가 사랑 양파보다 훨씬 빨리 자라는 것이었습니다.

20일째가 될 무렵 누가 봐도 눈에 확연히 드러날 정도로 미움 양파는 잘 자라고 있었습니다. 그래서 실험에 뭔가 문제가 있다고 생각하고 양파를 모두 버려야겠다고 생각했습니다.

▲ 양파 실험 16일째

▲ 양파 실험 20일째 (사진제공 – 김도현, 2011년 촬영)

그런데, 사랑 양파가 왠지 제게 말을 걸어오는 것만 같았습니다. '저는 이제 시작일 뿐입니다. 왜 당장 눈에 보이는 것만으로 판단하려 하나요? 당신은 100세까지 살아야 하는 인생에서 후반전이 훨씬 중요하다고 가르치지 않았나요?'라는 말을 양파가 제게 속삭이는 것만 같았습니다.

갑자기 양파가 전해 주는 이야기에 저의 뇌가 망치로 얻어맞은 것 같았습니다.

'아! 사랑에 관해서 환상을 가지고 있었구나!'

사랑 받으면 당장 눈에 띄게 공부를 더 잘해야 되고, 사랑 받으면 눈에 띄게 더 잘 자라야 하고, 사랑 받으면 내가 정해 놓은 기준에 맞게 더 반듯하게 잘 자라야 한다는 생각으로 실험을 했던 건 아닌지 뼈저리게 저를 돌아보게 되었습니다.

그래서 모든 관념을 내려놓고 그냥 조건 없이 아낌없이 사랑 양파에게 사랑을 계속해서 주었습니다. 아침저녁으로 더 진실하게 사랑한다고 말해 주고 '네가 어떤 모습이라도 나는 너를 사랑한다.'라고 말해 주었습니다. 23일째가 되는 날, 양파의 겉모습에는 차이가 없었지만, 문제는 양파의 뿌리에서 차이가 보이기 시작했습니다.

▲ 양파실험 23일째

누가 봐도 미움과 무관심 양파의 뿌리가 검게 썩어가고 있었기 때문입니다. 반면에 사랑 양파의 뿌리는 건강하게 잘 자라고 있었습니다. 마침내 25일째가 되는 날에는 겉모습조차 눈에 띄게 성장 속도에서 차이를 보이고 있었습니다.

▲ 양파실험 27일째

맨 왼쪽이 사랑 양파, 중간이 미움 양파, 맨 오른쪽이 무관심 양파이다.

문제는 뿌리였습니다. 뿌리가 튼튼한 사랑 양파는 시간이 가면 갈수록 줄기가 더 튼튼하게 힘차게 뻗어 올라가지만, 뿌리가 썩어 버린 무관심과 미움 양파는 시간이 가면 갈수록 사랑 양파에 비해서 성장이 힘겨웠던 것입니다. 양파 실험마다 결과가 다 달라서 제가 했던 실험이 다 옳다고는 할 수 없을 것입니다. 하지만 단순히 머리로만 생각하고 실제로 해보지 않았다면, 절대 깨달을 수 없었던 소통에 관한 소중한 교훈을 얻게 되었습니다.

그리고 많은 사람들은 흔히 이 실험이 말을 듣는 양파를 위한 실험인 줄 착각합니다. 그래서 사람들을 이 실험을 하고 나면 상대방에게 자신을 위해 좋은 말을 많이 해달라고 요구합니다.

하지만 언어의 파동에 가장 큰 영향을 받는 것은 말을 하는 당사자입니다. 그래서 말은 듣는 사람보다는 자기 자신을 위해서 사랑이 담긴 언어를 사용해야 하는 것 같습니다. 그리고 무엇보다 중요한 것은 제가 양파 실험을 직접 해 보지 않았다면, 이런 깨달음을 얻기는 힘들었을 것입니다.

저는 '모를 땐'이라는 글을 통해 당당한 실천의 힘은 때때로 불가능을 이야기하는 지식의 논리를 넘어선다고 말씀드렸습니다. 불가능을 이야기하는 완벽해 보이는 지식의 논리보다는, 조금 부족할지라도 자신이 믿는 바를 삶 속에서 한 걸음씩 실천하는 당당한 실천의 힘은 세상을 변화시키기 때문입니다. 그래서 저는 독자들이 이 책을 통해 삶 속에서 단 한순간이라도 실천할 수 있는 자각이 일어난다면 정말 기쁠 것 같습니다.

대화를 나누다

소통과 관련된 책을 읽기 시작했었습니다.

소통에 관해서 여기저기 찾아다니며 교육도 받고 공부도 했습니다.

그런데 소통과 관련된 책을 읽으면 읽을수록, 소통교육을 받으면 받을수록 왠지 모르게 소통이 더 힘든 시간들이 있었습니다.

어느새 저도 모르게 '내가 이렇게 말하면 상대는 이렇게 말해야 한다.'고 생각했기 때문입니다. 책과 교육프로그램의 내용대로 말하지 않는 주변사람들이 무식해 보였습니다. 그래서 제가 배운 소통지식대로 말해주지 않으면 상대방을 자꾸 가르치고 지적했더니 저의 입은 소통을 말하고 있었지만, 저의 마음은 소통과 점점 멀어지고 있었습니다. 제가 알게 된 소통지식으로 인해 제가 다른 사람들보다 소통에 관해서 많이 아는 사람라고 생각하며 스스로를 자신이 알고 있는 소통지식의 틀 속에 가두어 버렸습니다.

사실은 책과 교육프로그램이 잘못된 것이 아니라 제가 틀 속에 빠져있었기 때문입니다. 소통관련 책과 소통교육 프로그램에 담긴 의미를 제대로 이해하지 못했기 때문입니다. 과거에 제가 알고 있던 소통지식들이 저의 현재를 지배했었기 때문입니다.

소통에 관해서 공부를 하고 교육을 받으면 그렇지 않은 사람들에 비해서 일반적으로 소통을 잘하는 것 같습니다. 그렇지만 간혹 저처럼 소통을 공부해도 본인을 둘러싼 인간관계가 나아지지 않는다면 나와 주변 사람들을 내가 알고 있는 소통지식의 틀 속에 가두었던 것은 아닌지 돌아보는 것도 좋을 것 같습니다.

자신을 돌아보다 보면 우리말에서 '대화를 나눈다.' 라는 표현을 사용하는 이유를 깨닫게 될지도 모릅니다.

소통하려면 이래야 한다, 저래야 한다, 지금 맞장구쳐야 한다, 지금 웃어야 한다, 어느 박사가 이래야 한다더라, 어느 교수가 이래야 한다더라, 어느 책을 봤더니 이렇게 해야 한다더라, 어느 강사가 그렇게 하면 안 좋다고 하더라... 등등의 생각들이 대화의 주인노릇을 한다면 그 대화는 나누는 대화라기보다는 지식의 노예가

된 대화일지도 모릅니다.

저는 개인적으로 소통을 잘하기 위해서 책도 읽고 소통교육도 받아야 한다고 생각하는 사람입니다. 그런데 제가 경험하고 공부했던 소통관련 각종 이론과 교육프로그램의 결론은 하나였습니다.

'지금 이 순간 내가 가장 소중하고, 나와 마주한 사람이 가장 소중하다.'

세상에서 나 자신이 가장 소중하다는 생각과 내가 소중하기에 같은 인간인 상대도 나만큼 소중하다는 메시지를 삶 속에서 실천하도록 돕기 위해 그 많은 책들과 프로그램들이 존재하는지도 모릅니다. 그래서 저는 이 책이 '아빠와 소통' 이라는 이름으로 소통을 가로막는 틀이 되기보다는 나와 마주한 사람을 더 깊이 사랑할 수 있는 도구로 쓰여지기를 바랍니다.

아무쪼록 '아빠와 소통' 을 통해 삶 속에서 '대화를 나누는 사람'이 되시기를 기원합니다.

부족한 글 끝까지 읽어주셔서 진심으로 감사드립니다.

I love you & 有 here !
지금 이 순간 내 앞에 존재하는 당신을 사랑합니다.

나에게는 꿈이 있습니다

나에게는 꿈이 있습니다.
이 나라 부모님들의 가슴 속에 내 아이에 대한 존중이 강물처럼 흐르고 다른 아이들에 대한 배려가 개울처럼 흐르는 세상입니다.

나에게는 꿈이 있습니다.
이 나라의 아이들이 사람을 점수와 등급과 학벌로 평가하지 않고 인격으로 평가하며, 다른 사람들의 평가보다 나의 가슴이 직업선택과 행복의 기준이 되는 세상입니다.

나에게는 꿈이 있습니다.
이 나라의 부모님들이 내 아이의 행복을 더 많은 소유로 평가하지 않고, 더 성숙한 인격으로 평가 하며, 다른 아이들과 자신의 아이를 비교하지 않고 모든 아이들을 있는 그대로 사랑하는 세상입니다.

나에게는 꿈이 있습니다.

이 나라의 대기업과 중소기업이 하나 되고, 강북과 강남이 하나 되며, 경상도와 전라도가 하나 되고, 진보와 보수가 하나 되는 세상입니다. 그래서 이 나라의 여당과 야당이 하나 되고, 좌익과 우익이 홍익으로 만나 마침내 남과 북이 통일로 얼싸안는 꿈입니다.

나에게는 꿈이 있습니다.

이 나라를 선택해준, 피부색과 원래 국적이 다른 모든 외국인들이 '한국' 이란 이름을 통하여 자신들을 있게 한 자신들의 민족과 자신들의 나라와 자신들의 역사를 더욱 사랑하게 되는 꿈입니다.

나에게는 꿈이 있습니다.

이 나라가 일본과 중국과 동남아시아를 소통으로 하나 되게 하는 꿈입니다. 그래서 유럽과 미국과 아프리카와 남미의 나라들에게, 그리고 이 지구상의 모든 나라들에게 이 나라가 정치 갈등과 사회 대립을 소통으로 극복한 진정한 소통의 모델이 되는 꿈입니다.

나에게는 꿈이 있습니다.

우리의 부모님들이 서로 등 돌린 부모 하나 없이, 우리의 아이들이 뒤처지고 버려지는 아이 하나 없이, 모두가 기쁨과 행복에 겨워 노래에 노래를 부르며, 어깨와 어깨를 맞대고 함께 걸어가는 꿈입니다.

우리가 소통으로 하나 되는 그 날 저 백두산에서 한라산에 이르는 삼천리 방방곡곡 밝은 언덕과 거리거리마다 우리의 부모님들과 부모님들이, 우리의 아이들과 아이들이 모두가 손에 손을 잡고, 함께 노래하며 걸어가는 꿈입니다.

나에게는 꿈이 있습니다.

나의 이런 모든 꿈들이 도저히 이루어 질 수 없는 꿈이라며 내게 조롱과 비난을 보내는 사람들과 내가 소통으로 하나 되는 꿈입니다.

(이 시는 1963년 워싱턴 D.C. 링컨기념관 앞에서 25만명의 청중들을 대상으로 흑인과 백인이 하나 되는 세상을 꿈꾸었던 마틴루터 킹 목사님의 'I have a dream'에 대한 오마쥬*입니다.)

※ 오마쥬 – 위대한 예술가나 위인들의 예술작품(영화, 시, 연설, 그림, 소설 등)에 대한 존경의 표시로 패러디를 통해 바치는 헌사

자녀교육에 도움이 되는
부모가 읽기 좋은 책

- 마하트마 간디, 〈나의 교육철학〉, 문예출판사
- 임마누엘 페스트라이쉬, 〈한국인만 모르는 다른 대한민국〉,
  21세기북스
- 백범김구, 〈백범일지〉- 시중에 여러 종류가 나와 있는데
  어린이용과 어른용 모두 좋습니다.

이 세 권을 추천하는 이유는 일단 분량이 많지 않고 읽기 쉬우면서도 삶의 지혜를 제공하기 때문입니다. 일독하시면 자녀교육에 많은 도움이 됩니다. 자녀가 초등학교를 졸업했다면 자녀와 함께 읽으신다면 더 없이 좋을 것 같습니다.